# Mein Land

König von Rumänien, Gemahl von Ferdinand I.,

Königin Marie

Writat

Diese Ausgabe erschien im Jahr 2024

ISBN: 9789359940779

Herausgegeben von
Writat
E-Mail: info@writat.com

# MEIN LAND

Die Königin eines kleinen Landes!

Wer es gewohnt ist, Herrscher über größere Länder zu sehen, kann kaum verstehen, was das bedeutet.

Es bedeutet Arbeit, Angst und Hoffnung und viel Mühe für kleine Ergebnisse. Aber das Feld ist groß, und wenn das Herz bereit ist, ist die Arbeit groß.

Als ich jung war, dachte ich, das sei alles harte Arbeit, nur mühsame Arbeit. Doch die Jahre brachten mir eine andere Erkenntnis, eine gesegnete Erkenntnis, und jetzt weiß ich es.

Dies ist ein kleines Land, ein neues Land, aber es ist ein Land, das ich liebe. Ich möchte, dass auch andere es lieben; hören Sie sich deshalb ein paar Worte darüber an. Lassen Sie mich ein paar Bilder malen, ein paar Skizzen zeichnen, wie ich sie gesehen habe, zuerst mit meinen Augen, dann mit meinem Herzen.

*

* — *

Einst war ich ein Fremder für dieses Volk, jetzt bin ich einer von ihnen, und weil ich von so weit herkam, konnte ich sie mit ihren guten Eigenschaften und ihren Fehlern besser erkennen.

Ihr Land ist ein fruchtbares Land, ein Land mit weiten Ebenen, wogendem Korn, tiefen Wäldern, felsigen Bergen und Flüssen, die im Frühling reißend schäumen und im Sommer nur träge, zwischen Steinen verlorene Ströme sind. Ein Land, in dem die Bauern unter sengender Sonne schuften, ein Land, das vom Elend der Fabriken unberührt ist, ein Land der Extreme, in dem die Winter eisig und die Sommer glühend heiß sind.

Eine Verbindung zwischen Ost und West.

Anfangs war es ein fremdes Land, seine Straßen zu staubig, seine Ebenen zu endlos. Ich musste lernen, seine Schönheiten zu sehen – seine Bedürfnisse mit meinem Herzen zu spüren.

Nach und nach wurde die Fremde eine von ihnen und nun möchte sie, dass das Land ihrer Geburt dieses andere Land durch die Augen seiner Königin sieht.

Ja, nach und nach lernte ich, dieses Volk zu verstehen, und nach und nach lernte es, mich zu verstehen.

Jetzt vertrauen wir einander und so werden wir, so Gott will, gemeinsam in eine größere Zukunft gehen!

Meine Liebe zur Freiheit und zu weiten Horizonten, meine Liebe zur freien Luft und zu unerforschten Pfaden führten zu vielen Entdeckungen. Alleine ritt ich stundenlang, um ein verlassenes Dorf zu erreichen, um eine verfallene Kirche mit ihren rustikalen Kreuzen am Flussufer zu sehen oder um bei Sonnenuntergang an einem bestimmten Ort zu sein, wenn Himmel und Erde in flammendes Rot getaucht sind.

Oh! Die rumänischen Sonnenuntergänge, wie wundervoll sie sind!

6A

**„DIE STROHDÄCHER WERDEN DURCH SCHINDELDÄCHER ERSETZT, DIE IN DER SONNE GLÄNZEN"** (S. 13 ).

6B

"Die Bergdörfer unterscheiden sich stark von denen in der Ebene. Die Hütten sind weniger erbärmlich" (S. 13).

7A

„IN DIESEN KLEINEN DÖRFERN WURDE ICH SO manchen HERZLICH WILLKOMMEN GEWORDEN" (S. 13).

7B

## „QUADRATISCHE, HOHE GEBÄUDE MIT EINER OFFENEN GALERIE UM DIE OBERSEITE" (S. 21 ).

Einmal fuhr ich langsam nach Hause.

Der Tag war heiß und die Luft schwer von Staub. In Ozeanen aus glänzendem Gold breiteten sich die Kornfelder vor mir aus. Kein Lüftchen rührte ihre Reife, sie schienen auf die Stunde der Ernte zu warten, stolz darauf, der Reichtum des Landes zu sein.

So weit mein Auge reichte, Kornfelder, Kornfelder, die sich in einer dunstigen Linie zum Horizont hin ausdehnten. Ein blauer Dunst lag über der Welt, und mit ihm stieg langsam ein Geruch von Tau und reifendem Saatgut aus dem Boden.

Am Ende der Straße stand ein Brunnen, dessen langer Pfosten wie ein riesiger Finger in den ewigen Himmel zeigte. Daneben lehnte ein altes Steinkreuz auf einer Seite, als wäre es müde, ein Kreuz, das neben dem Brunnen zum Gedenken an einen Verstorbenen errichtet worden war ...

Frieden umgab mich – mein Pferd rührte sich nicht, auch es lag im Bann des Abends.

Von weitem kam eine Herde Büffel über die lange, gerade Straße langsam auf mich zu: eine plumpe Prozession von Tieren, die aus vorsintflutlicher Zeit stammen könnten.

Einer nach dem anderen kamen sie näher – schlammbedeckt und geduldig, ihre hässlichen Körper wiegend, ihre mit schweren Hörnern besetzten Köpfe steif in der Hand, ihre ausdruckslosen Augen ins Nichts starrend, obwohl sie hier und da mit erhobenen Gesichtern etwas vom Himmel zu suchen schienen.

Unter ihren Hufen stiegen Staubwolken auf, die jeden ihrer Schritte begleiteten. Die untergehende Sonne fing sie auf und verwandelte sie in feurigen Rauch. Es war, als ob sich ein Schleier aus Licht über diese Lasttiere legte, ein herrliches Strahlen, das sie zu ihrer Ruhe begleitete.

Ich stand ganz still und sah ihnen zu, als sie einer nach dem anderen an mir vorbeigingen... Und an diesem Abend schien sich der Vorhang vor vielen Geheimnissen gelüftet zu haben. Ich hatte verstanden, was die weite, fruchtbare Ebene bedeutete.

*

* — *

Dreiundzwanzig Jahre habe ich nun in diesem Land verbracht, und jeder Tag brachte ihm Freude oder Leid, Licht oder Schatten. Mit jedem Jahr erweiterten sich meine Interessen, mein Verständnis vertiefte sich und ich wusste, wo meine Hilfe gebraucht wurde.

Ich werde nicht über die Institutionen meines Landes sprechen, über seine Politik, über weltbekannte Namen. Andere haben das geschickter gemacht, als ich es je könnte. Ich möchte nur über seine Seele sprechen, über seine Atmosphäre, über seine Bauern und Soldaten, über Dinge, die mich dieses Land lieben ließen, die mein Herz im Gleichklang mit seinem schlagen ließen.

Ich habe mich unter die Ärmsten gesellt. Ich habe ihre Hütten betreten, ihnen Fragen gestellt und ihre Neugeborenen in die Arme genommen.

Ich sprach ihre Sprache nur schwer und machte viele Fehler, aber obwohl ich ein Fremder war, begegnete mir bei den Bauern nirgends Misstrauen oder Argwohn. Sie waren bereit, mit mir zu reden, mich in ihre Hütten zu lassen und vor allem bereit, von ihrem Leid zu sprechen. Die Armen müssen immer von ihrem Leid erzählen, aber diese taten es mit einzigartiger Würde, sprachen mit stoischer Ergebenheit von Tod und Elend und zählten die Gräber ihrer Kinder, wie ein anderer die Bäume zählen würde, die um sein Haus gepflanzt sind.

Sie sind arm, sie sind unwissend, diese Bauern. Sie sind vernachlässigt und abergläubig, aber ihre Rasse ist von großer Vornehmheit. Sie sind genügsam und nüchtern, sie haben wenig Bedürfnisse, ihre Wünsche sind begrenzt; aber tief in ihrem Herzen hegt jeder von ihnen einen großen Traum: Er möchte Landbesitzer sein, den Boden, den er bestellt, besitzen; er möchte ihn sein Eigen nennen. Das haben sie mir alle erzählt; es war der monotone Refrain all ihrer Gespräche.

*

* — *

Als ich zum ersten Mal ein rumänisches Dorf mit seinen winzigen, zwischen Bäumen versteckten Hütten sah, den einzigen grünen Flecken auf der riesigen Ebene, konnte ich kaum glauben, dass Familien in so kleinen Häusern leben konnten.

Sie ähnelten den Häusern, die wir als Kinder zeichneten, mit einer Tür in der Mitte, einem winzigen Fenster auf jeder Seite und irgendwo aus dem dicken Strohdach strömendem Rauch. Oft scheinen diese Dächer zu schwer für die Hütten zu sein; sie scheinen sie zu erdrücken, und die weit geöffneten Türen lassen sie aussehen, als würden sie um Hilfe schreien.

Abends sitzen die Frauen mit ihren Spinnrocken auf den Türschwellen, während die Herden durch den Staub nach Hause marschieren und das wilde Bellen der Hunde die Luft mit ihrem Lärm erfüllt.

Nirgendwo habe ich so viele Hunde gesehen wie in einem rumänischen Dorf – eine schwere Belastung für den Reiter auf einem munteren Pferd.

Die ganze Nacht lang bellen die Hunde und antworten einander. Sie sind nie still; das Geräusch ist untrennbar mit der rumänischen Nacht verbunden.

Ich habe es immer geliebt, durch diese Dörfer zu schlendern. Ich habe das zu jeder Jahreszeit getan und jeder Monat hat seinen Reiz.

Im Frühling sind sie halb unter Obstbäumen begraben, einem schaumigen Blütenmeer, aus dem die runden Dächer der Hütten wie große, graue Wolken ragen.

Hühner, Gänse und neugeborene Schweine springen über die Türschwellen und springen hin und her; frühe Hyazinthen und goldene Narzissen blühen frei in den unordentlichen Höfen, wo seltsam geformte Töpfe und bunte Teppichfetzen in malerischer Unordnung herumliegen.

Zwischen all dem krabbeln die halbnackten, schwarzäugigen Kinder in glücklicher Freiheit umher.

## „BESONDERS IN DER DOBRUDSCHA TREFFEN DIESE VERSCHIEDENEN NATIONALITÄTEN AUFEINANDER" (S. 16).

Ich konnte nie verstehen, wie so große Familien, Hühner und viele vierbeinige Freunde nicht mitgerechnet, in den zwei winzigen Kammern dieser Hütten Platz finden konnten.

Im Winter sind diese Dörfer mit Schnee bedeckt, jede Hütte ist ein weiß gepolsterter Haufen, alle Ecken sind abgerundet, so dass jede Hütte aussieht, als wäre sie in Watte gepackt.

Es werden keine Anstrengungen unternommen, die Schneeverwehungen wegzuräumen. Der Schnee bleibt liegen, wo er hingefallen ist. Die kleinen Schlitten holpern über die Unebenheiten und bilden Straßen, die so wellig sind wie ein sturmgepeitschtes Meer!

Der rumänische Bauer hat es nie eilig. Zeit spielt in seinem Lebensplan keine Rolle. Er ist an grenzenlose Horizonte gewöhnt und erwartet nicht, das Ende seines Weges an einem Tag zu erreichen.

Im Sommer bewegen sich die Karren, im Winter die Schlitten langsam, resigniert und mit unermüdlicher Geduld diese endlosen Straßen entlang.

Von winzigen, mageren Pferden gezogen, holpern die hölzernen Schlitten über den unebenen Schnee. Der Bauer sitzt halb versteckt zwischen seinen Stapeln aus Holz, Heu oder Maisstängeln, je nachdem, welche Fracht er von

Ort zu Ort transportiert. Malerisch in seinem groben Schafspelzmantel, ist er im Sommer ebenso malerisch in seinem weißen Hemd und breiten Filzhut, wie er zufrieden auf seinem aufgestapelten Korn liegt, während seine leidgeprüften Ochsen davonstapfen, scheinbar ebenso gleichgültig wie ihr Herr gegenüber der Länge der Straße. Sie sind steingrau, diese Ochsen mager, stark, mit großen, gespreizten Hörnern; ihre Augen sind wunderschön, mit fast menschlichem Blick.

Die rumänische Straße ist ein charakteristisches Merkmal des Landes. Sie ist breit, staubig, im Allgemeinen gerade, nur wenige Bäume spenden Schatten an ihren Rändern; meist ist sie schlecht instand gehalten. Aber wie alle Dinge, denen die Zivilisation noch nicht allzu viel abverlangt hat, hat sie einen unbestimmten Charme – den Charme der Unermesslichkeit, etwas Traumhaftes, etwas Unendliches, etwas, das niemals ein Ende haben muss …

Und entlang dieser Straßen kriechen die Bauernkarren, einer nach dem anderen in einer endlosen Reihe, eingehüllt in Staubwolken. Wenn die Nacht sie unterwegs einholt, werden die Ochsen losgespannt und die Karren am Straßengraben angehalten, bis die aufgehende Morgendämmerung sie daran erinnert, dass sie noch viele Meilen bis zu ihrem Ziel vor sich haben ...

Wenn es regnet, verwandelt sich der Staub in Schlamm; die Straße wird dann zu einem Fluss aus Schlamm!

Rumänien ist kein Land der grellen Farben. Seine weiten Horizonte, seine staubigen Straßen, seine weißgekleideten Bauern und seine groben Holzkarren bilden eine seltsame Einheit. Sogar Ochsen und Pferde scheinen sich in Grau oder Braun gewandelt zu haben, um mit einer Art verträumter Verschwommenheit, die über dem Ganzen liegt, eins zu werden.

Erst die Sonnenuntergänge verwandeln all diese schattigen Farbtöne in ein plötzliches Farbwunder und überfluten Erde und Himmel mit wunderbarem Gold. Ich habe gesehen, wie sich Heuhaufen in feurige Pyramiden verwandelten, Flüsse in brennende Bänder und blasse, müde Gesichter in einem wunderbaren Glanz erstrahlten.

Diese Stunde des Sonnenuntergangs ist nur eine flüchtige Stunde, doch jedes Mal bricht sie über mich herein wie ein ewig erneuertes Versprechen, das mir Gott gesandt hat.

Vielleicht sind diese Sonnenuntergänge im Winter und Herbst am herrlichsten, wenn die Erde müde ist, wenn ihre Arbeit für das Jahr getan ist oder wenn sie unter ihrem schimmernden Leichentuch aus Schnee schläft und in ihrem Schoß die kommende Ernte hütet.

Die Bergdörfer unterscheiden sich sehr von denen der Ebene. Die Hütten sind weniger ärmlich, weniger klein, die Strohdächer sind durch Schindeldächer ersetzt, die in der Sonne silbern glänzen. Die Trachten der Bauern sind reicher und vielfältiger; die Farben sind heller, und oft umgibt ein kleiner, blumenübersäter Garten das Haus.

Der Herbst ist die Jahreszeit, um diese Dörfer in den Bergen zu besuchen. Der Herbst, wenn die Bäume in flammender Pracht erstrahlen und das sterbende Jahr seinen letzten Anflug von Schönheit zeigt, bevor es von Frost und Schnee vernichtet wird.

In vielen dieser kleinen Dörfer wurde ich herzlich empfangen, die Bauern empfingen mich mit blumengeschmückten Händen. Beim ersten Anzeichen meiner Kutsche galoppieren mir Trupps ländlicher Reiter entgegen, huschen kreuz und quer auf ihren zottigen kleinen Pferden herum, tragen Banner oder blühende Zweige und schreien vor Freude. Mit Vollgas jagen sie meiner Kutsche hinterher und wirbeln Staubwolken auf. Wie ihre Herren sind die Ponys wild vor Aufregung; alles ist Lärm, Farbe, Bewegung; Freude breitet sich auf der Erde aus.

Die Glocken des Dorfes läuten, ihre Stimmen sind voller Freude, auch sie rufen ihren Willkommensgruß aus. Scharen von festlich gekleideten Frauen und Kindern strömen aus den Häusern, nachdem sie ihre Gärten geplündert haben, um Blumen vor die Füße ihrer Königin zu streuen.

Die Kirche steht meist mitten im Dorf; hier muss die Herrscherin ihre Kutsche verlassen und wird, umgeben von einer eifrigen, fröhlichen Menge, zum Heiligtum geführt, wo sie der Priester mit dem Kreuz in der Hand an der Tür in Empfang nimmt.

Wohin sie sich auch bewegt, die Menge bewegt sich mit ihr; es gibt keine Unbeholfenheit, keine Schüchternheit, aber auch kein Gedränge oder Gedränge. Die rumänischen Bauern bleiben würdevoll; sie werden in ihrer Freude selten lärmend. Sie wollen einen ansehen, einen berühren, seine Stimme hören; aber sie zeigen kein Erstaunen und wenig Neugier. Meistens bleibt ihr Gesichtsausdruck ernst, und ihre Kinder starren einen mit ernsten Gesichtern und großen, eindrucksvollen Augen an.

Nur die galoppierenden Reiter werden vor Freude laut.

14A

„Es hatte das entzückende Aussehen bewahrt, als wäre es mit dem Daumen eines Töpfers modelliert worden" (S. 21).

14B

"Urwüchsige Festungen, halb Turm, halb Bauernhaus" (S. 21 ).

„REICHTÄTIGER UND VIELFÄLTIGER SIND DIE TRACHTEN DER BAUERN" (S. 13).

15A

„Mit einer offenen Galerie rundherum, die von kräftigen, kurzen Säulen gebildet wird" (S. 21 ).

15B

"Bestehend aus einer doppelten Kolonnade... HINTER DIESEN Kolonnaden befinden sich die kleinen Zellen der Nonnen: winzige Kuppeln, kleine Kammern" (Seite 26 ).

Es gibt einige seltsame Bräuche unter den Bauern, merkwürdige Aberglauben. Da Rumänien ein trockenes Land ist, ist Regen ein Glücksfall: Er bedeutet Überfluss, Fruchtbarkeit, die Hoffnung auf eine gute Ernte – Reichtum.

Manchmal, als ich durch die Dörfer ging, stellten die Bäuerinnen große Holzeimer voller Wasser vor ihre Türschwellen; ein volles Gefäß ist ein Zeichen des Glücks. Sie sprengten einem sogar Wasser vor die Füße, immer aufgrund des seltsamen Aberglaubens, dass Wasser Überfluss bedeutet und dass man der Großen, wenn sie zu ihnen kommt, in jeder Hinsicht Ehre erweisen muss.

Ich habe große, schöne Mädchen gesehen, die mir mit überquellenden Wasserkrügen auf dem Kopf aus ihren Häusern entgegentraten; als ich näher kam, blieben sie ganz still stehen, und die Tropfen spritzten ihnen auch ins Gesicht, um zu beweisen, dass ihre Krüge voll waren.

Es ist ein Glücksbringer, wenn einem ein Karren voller Getreide oder Stroh entgegenkommt; ein leerer Karren hingegen ist ein sicheres Unglückszeichen!

Oftmals haben sich an den Orten, die ich besuchte, die Einwohner um mich geschart, meine Hände und den Saum meines Kleides geküsst, sich niedergeworfen, um meine Füße zu küssen, und mehr als einmal haben sie mir ihre Kinder gebracht, die vor mir das Kreuzzeichen gemacht haben, als wäre ich ein Heiligenbild in einer Kirche.

Anfangs fiel es mir schwer, solche Huldigungen ohne Scham anzunehmen, aber nach und nach gewöhnte ich mich an diese loyalen Bekundungen; halb demütig, halb stolz schritt ich unter sie und war froh, in ihrer Mitte zu sein.

*

* — *

Es ist unmöglich zu beschreiben, was ich alles gesehen, gehört oder gefühlt habe, während ich mich unter diesen einfachen, warmherzigen Menschen bewegte. So viele lebendige Bilder, so viele ergreifende Szenen haben sich in mein Herz eingeprägt. Ich bin durch Dörfer gewandert, die an verlassenen Orten, auf brennenden Ebenen, verloren waren. Ich bin zu bescheidenen kleinen Häusern hinaufgestiegen, die sich an Berghängen drängten. Ich bin auf liebliche kleine Orte gestoßen, die zwischen riesigen Kiefern versteckt waren. An verlassenen Küsten habe ich bescheidene Dörfer entdeckt, in denen Türken in einsamer Abgeschiedenheit lebten. In der Nähe der breiten Donau bin ich durch winzige Dörfer geirrt, die von russischen Fischern bewohnt wurden, deren Typ so ganz anders ist als der der rumänischen Bauern. Auf den ersten Blick erkennt man ihre Nationalität – große, hellbärtige Riesen mit blauen Augen, deren rote Hemden man schon von weitem sieht.

Besonders in der Dobrudscha tummeln sich die unterschiedlichen Nationalitäten: Hier leben Rumänen, Bulgaren, Türken, Tataren, Russen und stellenweise sogar Deutsche friedlich nebeneinander.

Ich war in einem Dorf in der Dobrudscha, das teils rumänisch, teils russisch, teils deutsch und teils türkisch war. Ich ging von einer Seite zur anderen, besuchte viele Hütten, betrat jede Kirche und beendete meinen Rundgang in der winzigen, rustikalen Moschee, die mit verblichenen Teppichen behangen war, und dort lauschte ich inmitten einer Menge einfacher Türken ihrem eigenartigen Gottesdienst, von dem ich nichts verstand. Eine Frau, die nicht verschleiert ist, hat kein Recht, den heiligen Bezirk zu betreten; aber ein königlicher Name öffnet viele Türen und viele strenge Regeln werden in der Freude über den Empfang eines so ungewöhnlichen Gastes gebrochen.

An einem heißen Sommertag kam ich in eine kleine Stadt, die fast ausschließlich von Türken bewohnt war. Ich war gerade dabei, Geld unter den Armen und Verlassenen zu verteilen und war von Ort zu Ort gezogen. Nun war die muslimische Bevölkerung an der Reihe, und so besuchte ich die elendsten Viertel, mit vielen Münzen in den Händen.

Ihre Freude über mein Kommen war so groß, dass sie den eigentlichen Grund meines Besuchs fast vergaß. Ich war plötzlich von einem Schwarm aufgeregter Frauen in seltsamer Kleidung umgeben, die in einer Sprache plapperten, die ich nicht verstand.

Sie nannten mich Sultana, und jeder wollte mich anfassen; sie befingerten meine Kleider, klopften mir auf die Schulter, eine alte Hexe gab mir sogar einen Schlag unters Kinn. Sie zogen mich mit sich von Hütte zu Hütte, von Hof zu Hof. Ich war von meinen Gefährten getrennt und wanderte durch eine Welt, die ich nie gekannt hatte. Durch ein Labyrinth aus winzigen Lehmhütten, lächerlich kleinen Gärten und versteckten kleinen Höfen schleppten sie mich mit sich, zwangen mich, ihre Hütten zu betreten, meine Hand auf ihre Kinder zu legen und mich auf ihre Stühle zu setzen. Wie ein Schwarm Krähen schnatterten und stritten sie um mich, stellten mir Fragen, überhäuften mich mit guten Wünschen, die ich nur mit einem Achselzucken und einem Lächeln beantworten konnte.

Die ärmeren muslimischen Frauen sind nicht wirklich verschleiert. Sie tragen weite Baumwollhosen und darüber eine Art Mantel, den sie unter der Nase zusammenhalten. Die Form dieser Mäntel verleiht ihnen jene unbeschreibliche, dem Auge so angenehme Linie, die nur dem Osten eigen ist. Auch die Farben, die sie wählen, sind immer harmonisch; außerdem werden sie durch Sonne und Staub an ihre Umgebung angepasst. Sie tragen seltsame, stumpfe Blau- und Mauvetöne – selbst ihr Schwarz ist nicht wirklich schwarz, sondern hat rostfarbene Töne angenommen, die sich angenehm mit der schlammfarbenen Umgebung vermischen, in der sie leben.

Bei längeren Ausflügen ist ihre Kleidung im Allgemeinen schwarz und sie tragen auf dem Kopf ein schneeweißes Tuch, das so umwickelt ist, dass es das ganze Gesicht mit Ausnahme der Augen verdeckt.

Unbeschreiblich malerisch und geheimnisvoll wirken diese dämmrigen Gestalten, wenn sie einem entgegenkommen, die Wände streifend, meist einen schweren Stab in der Hand tragend; sie haben etwas Biblisches, etwas, das einen in ferne Zeiten zurückversetzt!

An diesem heißen Sommermorgen, von dem ich erzähle, gelang es mir, meinen übermäßig liebenswürdigen Angreifern für einen Moment zu entkommen und mich in eine winzige Hütte zu schleichen, deren Tür weit offen stand.

18A

**„EIN KLOSTER ... WEISS UND EINSAM, VERBORGEN IN WALDGEBIETEN, DIE GRÜNER UND SÜSSER SIND ALS JEDES ANDERE IM LAND" (S. 25 ).**

Unwiderstehlich angezogen von dem geheimnisvollen Schatten betrat ich die Lehmhütte und fand mich in fast völliger Dunkelheit wieder. Am anderen Ende ließ ein kleines Fenster einen kleinen Lichtstrahl herein.

Ich tastete mich voran und stieß auf ein Lager mit Lumpen, und auf diesem Lager des Elends entdeckte ich eine alte, alte Frau – so alt, so alt, als hätte sie zur Zeit der Feen und Hexen gelebt, in einer Zeit, die nichts mehr mit der Hektik und dem Lärm von heute zu tun hat.

Über sie gebeugt, blickte ich in ihr eingefallenes Gesicht, und alle Legenden meiner Jugend schienen vor meinen Augen aufzutauchen, alle Geschichten,

denen ich als Kind gebannt gelauscht hatte, Geschichten, die man nie vergisst
…

Über ihr hing an einem rostigen Nagel in Reichweite ihrer Hand ein seltsam geformter schwarzer Tontopf. Alles um diese alte Hexe herum hatte die Farbe der Erde: ihr Gesicht, ihre Wohnung, die Lumpen, die sie bedeckten, der Boden, auf dem ich stand. Der einzige Lichtblick in dieser Hütte war ein weißes Lamm, das völlig ungestört am Fußende ihres Bettes kauerte.

Ich drückte ihr etwas Geld zwischen die krummen, knochigen Finger und überließ diese seltsame alte Sterbliche ihrer schneeweißen Gefährtin. Als ich zurück ins Sonnenlicht trat, hatte ich das Gefühl, als sei es mir für einen Augenblick vergönnt, durch zahllose Zeitalter in die Tage von einst zu reisen.


Rumänien war von jeher ein Land, das Invasionen ausgesetzt war. Ein tyrannischer Herr nach dem anderen ging hart gegen sein Volk vor; es war daran gewöhnt, beherrscht, unterdrückt und misshandelt zu werden. Selten durfte es sich behaupten, sein Haupt erheben, unabhängig, glücklich oder frei sein; trotz Kämpfen und Sklaverei war es jedoch kein Volk, das zum Untergang verurteilt war. Es überwand jede Härte, ertrug jedes Elend, ertrug jede Unterdrückung, konnte nicht aus seiner Existenz verdrängt werden; aber das Ergebnis ist, dass das rumänische Volk nicht fröhlich ist.

Ihre Lieder sind traurig, ihre Tänze langsam, ihre Vergnügungen sind selten ausgelassen, ihre Stimmen sind selten laut. An Festtagen ziehen sie ihre fröhlichste Kleidung an und tanzen, zusammengedrängt im Staub der Straße, in Gruppen oder in weiten Kreisen, unermüdlich, viele Stunden lang; aber selbst dann sind sie nicht oft fröhlich oder laut, sie sind feierlich und würdevoll und scheinen ihr Vergnügen sittsam, ohne Leidenschaft, ohne Eile zu genießen.

Ihre Liebeslieder sind lange Klagelieder; die Melodien, die sie auf ihren Flöten spielen, drücken endlos ihre Sehnsucht und ihr Verlangen aus, das auf ewig ungestillt zu bleiben scheint und weder Hoffnung noch Erfüllung bietet.

Aus demselben Grund gibt es nur wenige sehr alte Häuser; es gibt kaum noch ein Schloss oder ein großes Denkmal aus der Vergangenheit. Was nützte es, schöne Wohnhäuser zu bauen, wenn der Feind eines Tages über das Land hinwegfegen und alles niederbrennen konnte?


Ein oder zwei seltsame alte Bauten sind aus jener Zeit der Invasion erhalten geblieben: quadratische, hohe Gebäude mit einer offenen Galerie an der Spitze, die von kräftigen kurzen Säulen gebildet wird, und hier und da, in der immensen Dicke der Mauern, winzige Fenster als Aussichtspunkte. Primitive

Festungen, halb Turm, halb Bauernhaus, stehen sie im Allgemeinen etwas isoliert und ähneln nichts, was ich in anderen Ländern gesehen habe.

Ich habe in einem dieser seltsamen Häuser gelebt. Die Galerie, die einst ein Strebepfeiler war, war in einen Balkon umgewandelt worden, und zwischen den gedrungenen Säulen hatte man eine schöne Aussicht über Hügel und Ebene. Die Räume darunter waren klein, niedrig, unregelmäßig und hinter großen, dicken Mauern verborgen; eine Holztreppe, die so steil wie eine Leiter war, führte zu diesen Räumen.

Sowohl außen als auch innen war das Gebäude weiß getüncht und seine Konstruktion war so primitiv, dass es das entzückende Aussehen bewahrte, als sei es von einem Töpferdaumen geformt worden. Es gab keine scharfen Winkel, sondern etwas Abgerundetes und Ungleichmäßiges an den Ecken, das kein modernes Gebäude haben kann. Das Ganze wurde von einem breiten Dach aus grauen Schindeln mit silbernen Schindeln gekrönt.

Doch sind es vor allem die alten Klöster und Klöster dieses Landes, die Schätze aus der Vergangenheit hüten.

Von Anfang an haben mich diese abgeschiedenen Schönheiten mehr als alles andere angezogen; unbeschreiblich ist der Zauber, den sie auf mich ausüben, fast unerklärlich die Wonne, die sie meine Seele erfüllen!

Wie in vielen anderen Ländern wussten die rumänischen Mönche und Nonnen, die zauberhaftesten Orte für ihre Heime des Friedens auszuwählen.

Ich bin von einem Ort zum anderen gewandert und habe dabei viele verborgene Schätze entdeckt. Ich habe die Reichsten und die Ärmsten besucht, jene, die leicht zu erreichen waren, und jene, die in Bergtälern verborgen liegen, wohin der Fuß des Reisenden nur selten gelangt.

Manche konnte ich nur zu Pferd erreichen, nachdem ich über Stock und Stein und steinige Pässe geklettert war, gefolgt von Truppen weißgekleideter Bauern, die auf zottigen, zerzausten Ponys ritten und so trittsicher waren wie Bergziegen.

Einmal, in der Abenddämmerung, nachdem ich einen ganzen Tag lang über die Berge geritten war, stieß ich ganz plötzlich auf eines dieser weit entfernten Heiligtümer, weißgetüncht, seltsam malerisch, halb versteckt zwischen Kiefern und ehrwürdigen Buchen, deren Stämme wie plötzlich zu Stein gewordene Riesen aussahen – Riesen, die in ihrer letzten Agonie in nutzloser Verzweiflung die Arme um sich winden.

Als ich näher kam, begannen die Glocken zu läuten – ihre klaren, schrillen Stimmen verkündeten ihre Freude gen Himmel.

Ich ritt durch das überdachte Portal in den ummauerten Hof. Bevor ich absteigen konnte, war ich von einem dunklen Schwarm Nonnen umringt, die demütige Gesten der Begrüßung machten, sich bekreuzigten, auf die Knie fielen und ihre Stirn gegen die Steine auf dem Boden drückten, meine Hände oder Teile meines Gewandes ergriff, es küsste und dabei weinte und murmelte und viele Gebete murmelte.

22A

**„DIESE VERANDA IST ÜBERALL MIT FRESKEN VERZIERT"**
(S. 26 ).

„EINIGE WAREN SO ALT UND SO GEBROCHEN, DASS SIE IHREN KOPF NICHT MEHR heben konnten, UM IN DEN HIMMEL ZU SCHAUEN" (Seite 28 ).

23B

„SELTSAME ALTE MÖNCHE WURDEN DARIN BEWOHNT"
(S. 27).

**„STILLE EINSIEDLER, VON DER WELT BEGRABEN"** (S. 27).

Benommen von diesem Empfang packte mich die Mutter Äbtissin, eine ehrwürdige, wankende alte Frau, deren Gesicht vom Alter gezeichnet war, wie ein Feld, das vom Pflug gefurcht wird, unter dem Ellenbogen.

Halb führend, halb sich an mir festhaltend, führte sie mich zur offenen Kirchentür. Von Zeit zu Zeit küsste sie verstohlen meine Schulter und drückte in einer Art demütiger Ekstase ihr altes, altes Gesicht dicht an meines.

Alle anderen Nonnen zogen hinter uns her wie ein Schwarm schwarzgefiederter Vögel, deren dunkle Schleier im Wind wehten und deren Glocken noch immer ihr Freudengeläut läuteten.

In dem dämmrigen Heiligtum glichen die brennenden Kerzen Glühwürmchenschwärmen in einem dämmrigen Wald. Die Nonnen gruppierten sich entlang der Wände. Ihre dunklen Kleider verschmolzen mit dem Schatten, sodass nur ihre Gesichter hervorstachen, die im flackernden Kerzenlicht beinahe ätherisch wirkten.

Sie sangen – ich würde gern sagen, dass ihr Gesang schön war, aber das war kaum die Wahrheit! Anders als in Russland ist der Gesang in den rumänischen Kirchen alles andere als melodisch – sie dröhnen durch die Nase langgezogene, oft wiederholte Gesänge, die alles andere als harmonisch sind und scheinbar keinen Grund haben, jemals zu enden.

Aber irgendwie waren an diesem Abend in dem verlassenen Bergkloster, weit weg von den Häusern der Menschen, in der Kapelle mit der niedrigen Kuppel, die mit diesen in Zobel gekleideten Gestalten gefüllt war, deren ernste Gesichter im mystischen Licht fast engelsgleich wirkten, die unheimlichen Geräusche, die zur Decke aufstiegen, nicht fehl am Platz. Sie hatten etwas Altes an sich, etwas Archaisches, Primitives, das zu den etwas barbarischen Gemälden und Bildern passte, etwas, das aus vergangenen Zeiten in die geschäftigere Welt von heute übergegangen zu sein schien …

Prunkvoller waren die Empfänge, die mir in den größeren Klöstern bereitet wurden.

Hier strömten alle Mönche heraus, um mich zu treffen – eine Prozession schwarzgekleideter, langbärtiger Wesen mit strenger Erscheinung und ernsten Gesichtern.

Der Abteioberer nahm mich am Arm und führte mich feierlich zur festlich geschmückten Kirche, während viele kleine Kinder mir beim Vorbeigehen Blumen vor die Füße warfen.

Die Klosterregeln in Rumänien sind nicht allzu streng. Die Türen des Klosters stehen allen Besuchern offen. Früher dienten sie als Raststätte für Reisende, die von Ort zu Ort zogen.

Drei Tage Gastfreundschaft boten die heiligen Mauern den Vorübergehenden; das war alter Brauch, und heute ist es Mönchen und Nonnen vielerorts gestattet, ihre kleinen Häuser an jene zu vermieten, die eine Sommerruhe brauchen. Das ist allerdings nur möglich, wenn die Klöster richtige kleine Dörfer sind, wo mehr oder weniger jeder Einsiedler sein eigenes kleines Haus besitzt.

In diesem Land gibt es zwei Arten von Klöstern: entweder ein großes Gebäude, in dem alle Mönche oder Nonnen unter einem Dach vereint sind, oder eine Anzahl kleiner Häuser, die auf einem großen Platz rund um die zentrale Kirche angeordnet sind.

Allein die ersteren sind architektonisch interessant und einige, die ich besucht habe, sind in ihren Proportionen und ihrer Form außergewöhnlich perfekt.

Eines dieser Klöster zieht mich mehr als alle anderen an, denn sein Charme ist wirklich unwiderstehlich.

Ein Kloster ... weiß und einsam, versteckt in bewaldeten Regionen, die grüner und süßer sind als alle anderen im Land. Perfekt ist die Form seiner Kirche, schneeweiß sind die Kolonnaden, die seinen ruhigen Innenhof umgeben. Ein Charme und ein Geheimnis umhüllen es, wie ich es nirgendwo sonst gespürt habe. Nüchtern sind seine Skulpturen, aber eine unbeschreibliche Harmonie verleiht seinen Linien Schönheit, und ein solcher Frieden durchdringt den Ort, dass ich mich hier fühlte, als hätte ich wirklich das Haus der Ruhe gefunden ...

Wann immer ich dorthin gehe, empfangen mich die Nonnen mit rührender Freude, fast erstaunt, dass sich jemand so Hohes um einen so einfachen Ort kümmert. Ich gehe oft dorthin, wann immer ich kann, denn es hat einen seltsamen Zauber auf mich ausgeübt, und oft muss ich wieder zu seinen weißgetünchten Mauern zurückkehren.

Das Gebäude bildet einen Viereckskreis um die Kirche, dessen drei Seiten aus einer doppelten Kolonnade bestehen, die übereinander gebaut ist, wobei die obere eine offene Galerie bildet, die um das Ganze herumführt. Hinter diesen Kolonnaden befinden sich die kleinen Zellen der Nonnen: winzige Kuppeln, kleine Kammern, weiß getüncht, bescheiden und still ...

Die Kirche ist groß, von edler Linienführung und reich an Skulpturen. Vor ihr befindet sich ein großer, überdachter Vorbau, der von reich verzierten Steinsäulen getragen wird. Wie das Innere des Gebäudes ist auch dieser Vorbau vollständig mit Fresken geschmückt, die schlicht in der Konzeption, archaisch in der Gestaltung und harmonisch sind, wobei die Farbe im Laufe der Zeit abgeschwächt wurde.

Innen ist die Kirche hoch, düster, mystisch und vollständig mit Heiligen mit seltsamen Gesichtern bemalt, die einen anstarren, als wären sie erstaunt, aus ihrer einsamen Stille und ihrem Frieden gestört zu werden.

Innerhalb dieser Mauern liegen viele Schätze: alte Bilder, bröckelnde Grabsteine, ein wunderbar geschnitzter Altarschirm, vergoldet und mit unvergleichlicher Kunstfertigkeit bemalt, alle Farben verblasst und miteinander vermischt vom Meister aller Künste – der Zeit.

In schattigen Ecken hängen schwer verzierte Lampen an Ketten von oben herab und werfen ein geheimnisvolles Licht auf Ikonen in Silberrahmen, die durch viele fromme Küsse poliert wurden. In Wahrheit ein heiliges Heiligtum, das den Geist dazu bringt, über die Dinge dieser Erde hinauszuschweben ...

26A

**„EINE UNBESCHREIBLICHE HARMONIE MACHT IHRE LINIEN SCHÖN"** (S. 25 ).

Die vierte Seite des Vierecks ist von einer hohen Mauer umgeben, in deren Mitte sich eine Tür befindet, die auf einen schmalen Pfad führt, der zu einem zweiten, kleineren Tempel führt, der ebenso perfekt geformt ist wie das größere Gebäude im Innenhof. Hier sind die Nonnen begraben; ein idyllischer Ort, umgeben von zerfallenen Mauern, die von wilden, mit zarten Blüten bedeckten Rosenbüschen mit ihren langen, dornigen Armen zusammengehalten werden. Die seltsam geformten Holzkreuze, die die Gräber markieren, stehen zwischen hohem, wehendem Gras und ehrwürdigen Apfelbäumen, die sich mit zunehmendem Alter zärtlich denen zuneigen, die unter dem Rasen zu ihren Füßen schlummern.

Ringsum Buchenwälder auf niedrigen, welligen Hügeln, im Hintergrund Berge – blau, dunstig, unerreichbar, eine Barriere gegen die Außenwelt bildend …

Ein Ort der Schönheit, ein Ort der Ruhe, ein Ort des Friedens...

Wenn ich an diese verborgenen Gebetshäuser denke, fallen mir viele schöne Orte ein. Unzählige habe ich in allen vier Ecken des Landes besucht und immer wieder wende ich mich ihnen zu, wann immer ich kann.

Es ist schwer zu sagen, was malerischer ist, die Klöster oder die Abteien. Beide sind gleichermaßen interessant und malerisch.

Ich erinnere mich an ein kleines Kloster, das an den Hängen eines düsteren Berges lag, umgeben von Kiefernwäldern, dunkel und geheimnisvoll. Der Weg dorthin war gewunden, steinig und schwer zugänglich, doch der Ort selbst war ein kleines, von Wiesen umgebenes Paradies der Ruhe, grün und erholsam wie ein Traum der Ruhe.

Es wurde von seltsamen alten Mönchen bewohnt – schweigsame Einsiedler, abgeschieden von der Welt, schattenhafte Gespenster, beinahe unheimlich in ihrer Zurückgezogenheit, deren Augen den Blick von Waldbewohnern angenommen haben, die es nicht mehr gewohnt sind, den Menschen in die Augen zu blicken.

Geräuschlos folgten sie mir, wohin ich auch ging, mit gesenktem Kopf, doch ihre Augen beobachteten mich unter ihren struppigen Brauen hervor, ihre Hände waren in ihren weiten Ärmeln verborgen, es war, als verfolgten mich dunkle Schatten auf Schritt und Tritt.

Ich drehte mich um und blickte in ihre undurchsichtigen Gesichter – wie weit weg schienen sie zu sein! Wer waren sie? Was war ihre Geschichte? Wie war ihre Kindheit gewesen, was waren ihre Hoffnungen, ihre Lieben? Zum größten Teil, denke ich, waren sie nur bescheidene, unwissende Wesen, ohne größere Ideale, ohne ferne Visionen von höheren Dingen. Manche waren so alt, so gebeugt, dass sie ihre Köpfe nicht mehr heben konnten, um in den

Himmel zu blicken; ihre langen, grauen Bärte sahen aus wie Flechten, die auf umgestürzten Bäumen wuchsen.

Doch einer war unter ihnen, groß und aufrecht, mit dem blassen, asketischen Gesicht eines Heiligen. Ich kenne weder seinen Namen noch seine Vergangenheit, aber er hatte ein edles Antlitz, und mir schien, als könne ich in seinen Augen Träume lesen, die nicht nur die Träume dieser Erde waren.

Leider kann ich nicht von allen Klöstern sprechen, die ich gesehen habe, aber eines muss ich dennoch erwähnen, denn es ist tatsächlich ein seltener kleiner Fleck auf der Erde.

Verborgen im Eingang einer Höhle, verloren in der wildesten Bergregion, liegt eine winzige Kirche, so klein, so klein, dass man den Kopf beugen muss, um über die Schwelle zu treten; sie sieht aus wie ein Spielzeug, das von einer riesigen Hand dort hingeworfen und dann vergessen wurde. Nur eine winzige kleine Holzkapelle, bewacht von ein paar eisgrauen Mönchen, Geschöpfen, die so alt und gebrechlich sind, dass sie Moos angesammelt zu haben scheinen wie Steine, die für immer an derselben Stelle liegen ...

Zu diesem Heiligtum führt keine Straße; man muss den Weg dorthin zu Fuß oder zu Pferd suchen, über steile Berge und schroffe Felsen. Dort liegt es im dunklen Höhleneingang, einsam, grau und uralt, wie ein verborgenes Geheimnis, das darauf wartet, entdeckt zu werden.

Hinter der kleinen Kirche erstreckt sich die Mulde, dunkel und verschlungen, und verläuft in geheimnisvoller Dunkelheit direkt ins Herz der Erde. Am Ende ist ein Gurgeln von Wasser zu hören – eine Quelle, eiskalt, sprudelt dort aus der Erde, rein und frisch wie die Quellen im Garten Eden ...

Ich kenne leidenschaftliche Liebende, die in diese Kirche kamen, um zu heiraten, die Strapazen der Reise und die finsteren Barrieren der Natur auf sich nahmen, um an diesem abgelegenen Ort, wo sich keine Menschenmassen versammeln können, für den Rest ihres Lebens miteinander verbunden zu sein.

Auf dem Weg zu dieser Kirche, nicht weit vom Eingang der Höhle, liegt ein einsamer kleiner Friedhof voller Holzkreuze. Hier finden die Mönche, die ihr einsames Leben verbracht haben, ihre letzte Ruhe. Dunkel sind diese Kreuze, die wie Gespenster vor dem nackten Felsen stehen. Die Sommersonne versengt sie, die Herbstwinde peitschen sie umher und oft lässt der Schnee des Winters sie zu Boden fallen. Aber im Frühling drängen sich frühe Krokusse und zarte Anemonen um sie herum und sammeln sich in duftenden Büscheln zu ihren Füßen.

Mir scheint, dass es trotz der Einsamkeit nicht traurig wäre, an einem solchen Ort begraben zu sein ...

*

* — *

Einmal fuhr ich durch den schmelzenden Schnee. Die Straße, der ich folgte, war wie alle rumänischen Straßen lang, lang, endlos lang, verlor sich in der Ferne und verschmolz mit dem farblosen Himmel.

Es war ein Tag der Depression, ein Tag des Tauwetters, als die Welt am schlimmsten betroffen war.

Überall um mich herum lagen die flachen Ebenen und warteten auf etwas, das nicht kam. Die Landschaft schien ohne Horizont zu sein, ohne Grenzen: alles war stumpf und gleichförmig, ohne Leben, ohne Licht, ohne Freude. Schweigen lag über der Erde – Schweigen und trostlose Ruhe.

Mit lockeren Zügeln und hängenden Köpfen stapften mein Pferd und ich durch den Schneematsch. Wir kamen nicht voran; eine Art Trägheit der Gleichgültigkeit hatte uns überkommen, die gut zur Melancholie des Tages passte.

Ein feuchter Nebel hing wie ein verblichener Schleier dicht über der Erde; es war kein dichter Nebel, sondern er waberte wie Dampf umher.

30A

**„EIN EINSAMER KLEINER FRIEDHOF, VOLLER HOLZKREUZE"** (S. 29 ).

30B

"AN EINSAMEN BERGHÄNGEN" (S. 29 ).

30 °C

„VON EINIGEN ALTEN, GRAUEN MÖNCHEN BEWACHT" (S. 29 ).

„AN EINSAMEN BERGHÄNGEN LIEGT EINE KLEINE, KLEINIGE KIRCHE" (S. 29).

30E

30F

„Lebewesen, die so alt und gebrechlich sind, dass es den Anschein macht, als hätten sie Moos wie Steine angesammelt, die für immer an derselben Stelle liegen" (S. 29 ).

31A

„WENN SIE IN SOLCHER ZAHL VORKOMMEN, SIND SIE MEIST AUS HOLZ GEHAUT" (S. 34 ).

## „DIESE SELTSAME ALTEN KREUZE... SIE STEHEN AM WEGSRAND" (S. 33 ).

Ganz plötzlich hörte ich aus der Ferne ein seltsames Geräusch auf mich zukommen, so etwas hatte ich noch nie zuvor gehört ...

Ich zog die Zügel an, blieb am Straßenrand stehen und fragte mich, was ich sehen würde.

Unerwartet war tatsächlich die Prozession, die wie ein seltsamer Traum aus dem Nebel auf mich zukam!

Zwei kleine Jungen wateten durch den schmelzenden Schnee und trugen zwischen sich eine runde Blechplatte, auf der ein flacher Kuchen lag; hinter ihnen kam ein alter Priester, der ein Kreuz in der Hand trug und in verblichene, prachtvolle Kleidung gekleidet war – rot, gold und blau. Sein schweres Gewand war ganz bespritzt und schmutzig, sein langes Haar und sein ungepflegter Bart waren schmutzig-grau wie die Straße, auf der er ging. Ein trauriger alter Mann, auf dessen gelbem, eingefallenem Gesicht kein anderer Ausdruck als der des Kummers zu sehen war.

Dicht hinter ihm folgte ein grober Holzkarren, der von Ochsen gezogen wurde, deren Nasen beinahe den Boden berührten; ihr Atem bildete kleine Wölkchen um ihre Köpfe, durch die ihre Augen vor geduldiger Sorge leuchteten.

Von diesem Wagen kam das seltsame Geräusch. Was konnte das sein? Dann verstand ich auf einmal!

In der Mitte des Wagens stand ein schlichter Sarg aus Kiefernholz. Um ihn herum saßen mehrere alte Frauen, die jammerten und weinten und ihre Stimmen zu einem düsteren Gesang erhoben, der wie eine Klage durch die Luft klang. Ihr weißes Haar war zerzaust und ihre schwarzen Schleier schwebten wie dünne Rauchwölkchen um sie herum.

Hinter dem Wagen gingen vier alte Zigeuner und spielten traurige Melodien auf ihren quietschenden Geigen, während die Frauenstimmen den Refrain in einer anderen Tonart übernahmen. Nie hatte ich ein traurigeres Klagelied oder ein trüberes Geräusch gehört. Hinter den Zigeunern folgte eine Gruppe barfüßiger Verwandter, die brennende Kerzen in den Händen hielten. Die winzigen Flammen schienen sich fast zu schämen, im melancholischen Tageslicht so schwach zu brennen.

Im Vorbeigehen erhoben diese müden Sterblichen ihre blassen Gesichter und sahen mich mit traurigen Augen an, die kein Erstaunen ausdrückten. Durch den düsteren Nebel schienen sie wie Geister zu sein, die aus dem Nichts kamen und ich weiß nicht wohin gingen. Wie Schatten gingen sie vorüber und waren verschwunden; ... aber durch den sich verdichtenden Nebel drang das Wehklagen wieder zu mir, seltsam hartnäckig, als ob die Toten aus ihrem engen Sarg um Hilfe riefen ...

Lange nachdem diese seltsame Vision verschwunden war, stand ich da und starrte auf die Straße, wo die Spuren ihrer Füße im geschmolzenen Schnee zurückgeblieben waren. War das alles nur eine Halluzination gewesen, hervorgerufen durch die Melancholie des Tages?

Als ich mein Pferd wendete, sah ich einen Schatten, der ein Stück weiter die Straße hinunter auftauchte. Was konnte das sein? War dies ein Tag voller seltsamer Erscheinungen?

Es war nicht einfach, mein Pferd dazu zu bewegen, sich der Stelle zu nähern; wahrlich, ich glaube, dass Pferde manchmal Gespenster sehen! ...

Als ich näher kam, bemerkte ich, dass es nichts anderes als ein großes Steinkreuz war, das mein Reittier erschreckt hatte. Monumental, moosbewachsen und geheimnisvoll stand es ganz allein wie ein Wächter, der ewig über die Straße wacht. Aus seinen ausgestreckten Armen fielen große Tropfen wie schwere Tränen auf den Boden ...

Weinte das alte Kreuz – weinte es, weil eine schöne Beerdigung dort vorbeigegangen war? ...

*

* — *

Ich muss ein wenig über diese seltsamen alten Kreuze sprechen, die ich auf allen Straßen gesehen habe, auf die ich gestoßen bin, in allen Teilen des Landes.

Ihre Bedeutung habe ich noch nicht ganz ergründet – aber ich liebe sie, weil sie so gut zum etwas melancholischen Charakter des Landes zu passen scheinen.

Sie stehen meist am Wegesrand, manchmal in majestätischer Einsamkeit, manchmal in Gruppen; manchmal sind sie aus urig behauenem Stein, manchmal aus Holz und grob mit Figuren archaischer Heiligen bemalt.

Zweifellos wurden diese frommen Denkmäler errichtet, um die Orte bestimmter Ereignisse zu markieren; vielleicht den Tod eines Helden oder nur die Ermordung eines einsamen Reisenden, dem es nicht bestimmt war, das Ende seines Weges zu erreichen …

Meist stehen sie neben Brunnen und tragen die Namen derjenigen, die im Gedanken an die Durstigen diese Wasserstellen an weit entfernten Orten errichteten.

Mit ihrer eigentümlichen Form ziehen sie schon von Weitem die Blicke auf sich; der Bauer entblößt vor ihnen sein Haupt und murmelt ein Gebet für die Toten.

An Kreuzungen bin ich manchmal auf zehn in einer Reihe gestoßen; wenn sie in so großer Zahl zu finden sind, sind sie meist aus Holz gehauen. Ihre Formen und Größen variieren: Einige sind enorm hoch und massiv und mit seltsamen Schindeldächern bedeckt; oft ist ihr Muster kompliziert, mehrere Kreuze wachsen auseinander und bilden ein seltsames Muster, das Ganze ist in den rohesten Farben bemalt, die Sonne und Regen bald zu angenehmer Harmonie abmildern.

Geschützt von ihren größeren Gefährten drängen sich viele kleine Kreuze darum: Rundkreuze und eckige Kreuze, Kreuze, die schmal und aufrecht stehen, Kreuze, die sich demütig zum Boden zu neigen scheinen....

Auf einsamen Straßen sind diese rustikalen Glaubenszeugnisse auf seltsame Weise faszinierend. Man fragt sich, welche Gelübde abgelegt wurden, als sie von frommen Händen und gläubigen Herzen dort platziert wurden.

Aber vor allem die in Stein gehauenen Kreuze ziehen mich an. Ich habe sie an allen möglichen Orten entdeckt; einige sind von seltener Schönheit, bedeckt mit Inschriften, die in wundervolle Muster verwickelt sind.

34A

„MEIST STEHEN SIE NEBEN BRUNNEN" (S. 34 ).

Ich bin ihnen auf kahlen Feldern begegnet, an staubigen Straßenrändern, an den Rändern dunkler Wälder, auf einsamen Berghängen. Ich habe sie auf verlassenen Gewässern am Meer gefunden, wo die Möwen sie umkreisten und sie sanft mit den Spitzen ihrer Flügel streichelten.

Viele Meilen bin ich geritten, um mir diese geheimnisvollen Symbole noch einmal anzusehen, denn immer wieder erfüllen sie meine Seele mit einem intensiven Verlangen nach Ruhe; sie sind so feierlich eindrucksvoll, so still, so ruhig …

Einer lag mir besonders am Herzen. Er stand ganz allein in würdevoller Einsamkeit auf einem öden Feld und blickte finster auf ein Gewirr von Disteln herab, die ihre dornigen Stängel im Schatten seiner Arme verdrehten.

Ich kenne weder seine Geschichte, noch weiß ich, warum er einen so einsamen Ort bewachte; es schien, als wäre er seit Anbeginn der Zeit dort gewesen. Ermüdet von seinem nutzlosen Wachen, neigte er sich leicht zur

Seite, und in der Dämmerung ähnelte sein Schatten seltsamerweise dem Schatten eines Menschen.

*

* — *

Nichts ist ergreifender und malerischer als die Dorffriedhöfe: Je bescheidener sie sind, desto mehr erfreuen sie das Auge des Künstlers.

Oft stehen sie rund um die Dorfkirche, manchmal aber auch ganz abseits. Ich suche sie immer auf und liebe es, durch ihre poetische Trostlosigkeit zu wandern – und fühle mich so weit weg, so weit weg vom Lärm und der Hektik unserer turbulenten Welt.

Natürlich werden diese kleinen Friedhöfe nicht so gepflegt und gehegt wie in ordentlicheren Gegenden. Die Gräber liegen verstreut zwischen Unkraut und Brennnesseln, manchmal wachsen Disteln so dicht um die Kreuze herum, dass sie sie fast nicht mehr sehen. Aber im Frühling, bevor das Gras hoch ist, habe ich einige von ihnen fast begraben unter Narzissen und Schwertlilien gefunden, die überall wild wuchern. Die schattigen Kreuze blicken auf all diese Farbenpracht herab, als ob sie sich fragen würden, ob Gott selbst ihre verlassenen Gräber geschmückt hat.

Der rumänische Bauer scheut jede unnötige Anstrengung. Was geschehen muss, passiert, was fallen muss, fällt. Wenn also ein Kreuz zerbrochen ist, warum sollte man versuchen, es wieder aufzustellen? – lass es liegen! Das Gras wird es bedecken, die Blumen werden sich an seiner Stelle tummeln.

Am Karfreitagmorgen streifte ich durch einen dieser Dorffriedhöfe. Zu meinem Erstaunen stellte ich fest, dass fast jedes Grab mit einer winzigen, dünnen Kerze beleuchtet war, deren Flamme blass brannte und nicht mit dem Licht der Sonne konkurrieren konnte. Neben diesen geisterhaften kleinen Lichtern lagen zerbrochene Tonscherben, die mit schwelender Asche gefüllt waren und dünne Spiralen blauen Rauchs in die ruhige Frühlingsluft schickten. An diesem Trauertag kommen die Lebenden, um ihren Toten gemäß ihren Bräuchen und ihrem Glauben die Ehre zu erweisen.

Ein wirklich seltsamer Anblick! All diese flackernden kleinen Flammen zwischen den zerfallenden Gräbern. Oft fand ich eine Kerze an einer Stelle stehen, wo alle Spuren des Grabes vollständig ausgelöscht worden waren; aber sie stand tapfer da und brannte – jemand erinnerte sich daran, dass genau unter diesem Zentimeter Erde ein Herz zur Ruhe gebettet worden war.

An diesem Morgen sah ich eine alte Frau, die ganz reglos neben einer dieser Kerzen stand – einer Kerze, die so bescheiden und dünn war, dass sie kaum aufrecht stehen konnte –, doch die alte Mutter beobachtete sie mit verschränkten Armen, als vollziehe sie schweigend irgendeinen Ritus.

Als ich mich ihr näherte, schaute ich nach, wie groß das Grab war, das sie bewachte, doch ich konnte überhaupt kein Grab erkennen! Die kleine gelbe Kerze stand bescheiden neben einem Strauß Anemonen. Alles, was einmal ein Grab gewesen war, war längst in den Boden getreten.

Das Tuch um das Haupt der alten Frau war weiß, weiß wie die blühenden Kirschbäume, die diesen kleinen Gottesgarten verschönerten; weiß waren auch die Blumen, die neben dem Liebesopfer der alten Frau wuchsen.

„Wer ist dort begraben?", fragte ich.

„Eine von mir", war ihre Antwort. „Sie war die kleine Tochter meiner Tochter; jetzt ruht sie."

„Warum ist das Grab nicht mehr zu sehen?" war meine nächste Frage.

Als Antwort bekamen alle ein Achselzucken und die trüben Augen blickten in meine. Völlige Resignation war das, was ich in ihren Tiefen las.


„Was nützt es, ein Grab sauber zu halten, wenn der Dorfpfarrer seine Ochsen zwischen den Gräbern grasen lässt?"

Ich sah sie erstaunt an. „Könnte man dieser Unordnung nicht ein Ende bereiten?"

Wieder ein Schulterzucken. „Wer soll dem Einhalt gebieten? Das Vieh muss doch irgendwo Futter haben!"

Ich sah, dass sie es für ganz natürlich hielt und dass das, was unter der Erde lag, den vorbeilaufenden Hufen wahrlich gleichgültig sein konnte, solange am Karfreitag jemand daran dachte, eine Kerze über ihrem Herzen abzubrennen!

In der Nacht zum Karfreitag werden in jeder Kirche und Kapelle des Landes lange Gottesdienste gefeiert.

Voller mystischer Anmut sind diese Versammlungen der Bauern um ihre bescheidenen Gebetshäuser. Männer, Frauen und Kinder strömen zusammen, jeder trägt ein Licht. Diejenigen, die drinnen keinen Platz finden, stehen in geduldigen Scharen draußen.

Wirklich ein schönes Bild.

Aus jedem Kirchenfenster strömt Licht, während seltsame Gesänge zu den Wartenden hinausdringen. Vor dem Altarraum flackern Hunderte kleiner Flammen und erhellen die Gesichter derer, die mit ekstatischen Gesichtern auf die Klänge des Gottesdienstes lauschen, der im Inneren gefeiert wird.

Der Brauch verlangt, dass die Gläubigen in der Nacht zum Karfreitag Blumen mitbringen, die sie ehrfürchtig auf eine gestickte Abbildung des gekreuzigten Christus legen, die wiederum auf einem Tisch in der Mitte der Kirche aufgestellt wird.

38A

**„Ihre eigentümliche Form zieht den Blick schon aus der Ferne auf sich“** (S. 34 ).

„MANCHMAL SIND SIE AUS URWÜTIG GEMEISSELTEM STEIN" (S. 33).

38C

„SELTSAME ALTE KREUZE, AUF DIE ICH AUF ALLEN WEGEN gestoßen bin" (S. 33).

„Ihre Formen und Größen sind vielfältig" (S. 34).

„KEINS DER GRÖSSEREN GEBÄUDE FINDET MICH SO STARK AN WIE DIESE KLEINEN DORFKIRCHEN" (S. 40).

**„Der Altar ist durch einen geschnitzten und bemalten Wandschirm vom Rest des Gebäudes getrennt"** (S. <u>42</u>).

Jeder Gläubige bringt mit, was er hat: ein Stück Grün, einen Blütenzweig, eine Handvoll Hyazinthen, die mit ihrem Duft die Nacht versüßen, oder einen Strauß einfacher Veilchen, die am Wegesrand gepflückt wurden – die ersten lieben Frühlingsboten.

Wenn der Gottesdienst vorüber ist, kehren die Gläubigen in langen Prozessionen in ihre Häuser zurück. Dabei beschatten alle sorgfältig die Kerzen, denn es bringt Glück, sie angezündet nach Hause zu bringen.

Aus den Kirchenfenstern scheint kein Licht mehr, alles ist in Dunkelheit gehüllt, die Kirche selbst hebt sich als gewaltige Schattenmasse vom Himmel ab.

Doch der Friedhof dahinter ist ein Garten aus Licht! Sind alle Sterne vom Himmel gefallen, um die unter dem Gras liegenden zu trösten? Oder brennen nur noch die winzigen Kerzen tapfer für die Toten? ...

Es gibt einige wundervolle alte Kirchen im Land, stattliche Gebäude, reich und ehrwürdig, voller sorgfältig bewahrter Schätze aus der Vergangenheit.

Ich habe alle diese Kirchen besucht, ihre Geschichte erforscht, ihre perfekten Proportionen bewundert und ihre kostbaren Stickereien, ihre Schnitzereien, ihre silbernen Lampen, ihre emaillierten Kreuze und ihre in Gold gebundenen Bibeln genau untersucht.

Doch trotz ihrer Schönheit üben keine der größeren Gebäude eine so starke Anziehungskraft auf mich aus wie die kleinen Dorfkirchen, die ich in den entlegensten Winkeln des Landes aufgespürt habe.

Ein Teil des Landes ist besonders reich an diesen malerischen kleinen Gebäuden: Es ist ein Teil, den ich sehr liebe. Keine Eisenbahn entweiht seine ruhigen Täler, keine moderne Verbesserung hat seinen einfachen Charme zerstört. Hier hat die Hand der Zivilisation keine ursprüngliche Schönheit beeinträchtigt; kein wohlmeinender Maler hat die verblassten Fresken an alten Wänden ausgebessert. Ein Winkel der Erde, der seine Persönlichkeit bewahrt hat; obwohl er schwer zu erreichen ist, ist er unverändert und unberührt geblieben.

Seine herrlichen Wälder wurden nicht mit der Axt gefällt, keine geschäftstüchtigen Spekulanten haben dort scheußliche Hotels und Vergnügungsstätten errichtet, keine monströsen Werbeflächen verunstalten seine grünen Wiesen und fruchtbaren Hänge.

Aus diesem Grund sind auch die kleinsten Kirchen erhalten geblieben. Sie liegen verstreut an ganz unwahrscheinlichen Orten: auf steilen Berggipfeln, versteckt in bewaldeten Tälern, und oft spiegeln sich ihre malerischen Silhouetten in den Flüssen, die an ihrem Fuße fließen.

Von weitem gesehen sind die hohen Tannen, die wie Wachposten vor ihren Portalen gepflanzt sind, die Wegweiser, die die Standorte markieren, an denen sie stehen. Die Kirchen dahinter sind so winzig, dass man von weitem nur die Bäume sieht.

Diese Tannen schienen mir zu winken und zu versprechen, dass ich zu ihren Füßen verborgene Schätze finden würde. Sie heben sich dunkel und deutlich von der Landschaft ab, denn die Wälder dieser Region bestehen nicht aus Kiefern, sondern aus Buchen.

Oft wanderte ich meilenweit, um dorthin zu gelangen, über steinige Pfade, über schlammigen Boden, durch reißende Bäche und endlose Abhänge, und nie wurde ich enttäuscht; nie riefen mich die dunklen Wächter vergebens. Die schönsten kleinen Gebäude entdeckte ich an diesen abgelegenen Orten.

Einige bestanden ganz aus Holz und hatten eine warme Farbe wie frisch gebackenes Schwarzbrot. Ihre enormen Dächer ließen sie wie riesige Pilze aussehen, die auf fruchtbarem Boden wachsen.

Normalerweise befindet sich oben ein Glockenturm, bei manchen steht der Glockenturm jedoch allein vor der Kirche und hat meist eine wunderbar malerische Form.

Unbeschreiblich ist die Farbe, die das alte Gehölz annimmt. Es ist immer in Harmonie mit seinem Hintergrund, mit seiner Umgebung; sei es auf einer grünen Wiese oder vor dunklen Kiefern, sei es im Frühling, halb verborgen hinter Apfelbäumen in voller Blüte, sei es im Herbst, wenn die Bäume, die es umgeben, alle golden und rotbraun und rot sind.

Das Holz ist dunkelbraun mit grauen, manchmal silbernen Schattierungen. Grünes Moos polstert oft die Spalten zwischen den Balken aus und verleiht dem Ganzen ein weiches, samtiges Aussehen, das das Auge erfreut.

Innen sind diese rustikalen Heiligtümer nur Spielzeugkopien größerer Modelle; alles ist winzig, aber gleich angeordnet. In orthodoxen Kirchen ist der Altar vom Rest des Gebäudes durch eine geschnitzte und bemalte Trennwand abgetrennt, die fast die Decke berührt und normalerweise von einem riesigen Kreuz gekrönt wird. Im unteren Teil dieser Trennwände befinden sich die Bilder der am meisten verehrten Heiligen. In diesen Trennwänden befinden sich drei kleine Türen; während eines Teils des Gottesdienstes bleiben diese Türen geschlossen.

Frauen haben kein Recht, in das Allerheiligste hinter dem Wandschirm einzudringen.

In diesen verlassenen kleinen Kirchen habe ich manchmal wunderschöne Ikonen gefunden, die zweifellos aus größeren Kirchen dorthin gebracht worden waren, als im Zuge sogenannter Verbesserungen die alten Schätze, die man als zu schäbig oder zu entstellt erachtete, aus den renovierten Mauern verbannt wurden.

Ich erinnere mich noch gut an einen Abend, als ich nach einem endlosen Aufstieg endlich an den Fuß der Kiefern gelangte, die mir von weitem zugewinkt hatten, und wie ich genau in dem Moment, als die Sonne unterging, die offene Tür des Heiligtums erreichte.

Es war ein nasser Tag gewesen, doch diese letzte Stunde vor der Dämmerung versuchte, durch ihre Schönheit das frühere Stirnrunzeln wettzumachen.

Die Dorfbewohner hatten meine Absichten erraten und einen alten Bauern losgeschickt, um die Kirche zu öffnen. Als ich näher kam, drang der Klang einer Glocke zu mir, die ihren Gruß in die Abendluft schallte.

42A

**„DIE DÄCHER SIND IMMER AUS SCHINDELN"** (S. 44 ).

Als ich die Tür erreichte, lagen die letzten Sonnenstrahlen golden auf dem Gebäude. Wie tanzende Flammen waren sie hineingedrungen und verbreiteten ihr herrliches Licht über das bescheidene Innere und umgaben die bemalten Heiligenfiguren mit leuchtenden Heiligenscheinen.

Es war ein wundervoller Anblick!

Auf der Schwelle stand ein alter Bauer, ganz in Weiß gekleidet, die Hände voller blühender Kirschzweige, die er mir anbot, während er sich hinunterbeugte, um den Saum meines Kleides zu küssen.

Drinnen hatten die liebevollen Finger des alten Mannes viele Lichter angezündet, und dieselben Blüten waren fromm um die heiligste der Ikonen gelegt worden, jene, die jeder Gläubige küssen muss, wenn er die Kirche betritt.

Das Sonnenlicht überstrahlte die kleinen Kerzen, doch sie schienen zu versprechen, ihren Glanz nach besten Kräften fortzuführen, wenn der große Vater zur Ruhe gegangen sein sollte … Ich setzte mich in eine schattige Ecke und ließ den wunderbaren Frieden dieses Ortes in meine Seele eindringen, ließ den Zauber dieses heiligen Hauses mich wie einen Schleier der Ruhe umhüllen.

Die Sonne war verschwunden; jetzt stachen die kleinen Lichter hervor wie scharfe, helle Punkte in der hereinbrechenden Dämmerung.

Es fiel mir tatsächlich schwer, mich loszureißen, doch die Zeit kennt keine Rücksicht auf menschliche Gefühle und vergeht.

Vor der Tür stand ein riesiges Steinkreuz wie ein Geist, dessen Kopf zwischen den schneebedeckten Zweigen eines Baumes in voller Blüte verloren war. Dieses Kreuz war fast so hoch wie die Kirche …

Die Formen dieser Bauernkirchen sind in der Tat sehr unterschiedlich. Wenn sie nicht aus Holz sind, wie die, die ich gerade beschrieben habe, sind sie meist weiß getüncht, wobei ihr Hauptmerkmal die kräftigen Säulen sind, die den Vorbau stützen. Es gibt kaum eine rumänische Kirche ohne diesen Vorbau; er verleiht dem Ganzen Charakter; er ist die wichtigste Dekoration. Manchmal haben die Säulen wunderschöne geschnitzte Kapitelle mit seltenstem Muster; manchmal sind es nur solide Säulen, die wie der Rest der Kirche weiß getüncht sind.

Kurios sind in der Tat die Gebäude, die ein einfältiger Künstler mit ausgemergelten Heiligen in bunten Gewändern bemalt hat. Ich habe die seltsamsten Dekorationen dieser Art gesehen: ganze Prozessionen archaischer Figuren in steifer Haltung, die Ereignisse aus ihrem heiligen Leben illustrieren. Dann sind auch die vorderen Säulen bemalt, oft mit ganz schönen Mustern, die persischen Mustern in alten Blau-, Rot- und Brauntönen sehr ähneln.

Die Dächer bestehen immer aus Schindeln und haben breite, vorspringende Dachtraufen in äußerst charakteristischer Form.

Ich habe eine Kirche mitten in einem Maisfeld gesehen. Das Dach war eingestürzt, die Wände hatten Risse und bröckelten stellenweise ab, große Sonnenblumen lugten durch die fensterlosen Fenster herein und die Vögel bauten ihre Nester zwischen den Balken der zerstörten Gewölbe. Es war in der Tat bedauerlich, über eine solche Trostlosigkeit nachzudenken; doch hatte ich nie einen zauberhafteren Anblick gesehen.

Die Wände waren noch mit Fresken bedeckt, deren Farben fast unverfälscht waren; der reich verzierte Altarschirm zeigte noch Spuren der Vergoldung; seine vielen kleinen Heiligenbilder waren kaum verunstaltet. Die kräftigen

Säulen, die einen Teil vom anderen trennten, standen stark und unberührt, nur dass an manchen Stellen der Putz abgebröckelt war.

Der Charme dieser Ruine war einzigartig. Der blaue Himmel darüber war ihr Dach, und die feierlichen Heiligen starrten von den Mauern herab, als wollten sie fragen, warum sich keine gütige Hand erhob, um ihre zerbrechliche Schönheit vor Sturm und Regen zu schützen.

Ich weiß nicht, warum man einen solchen Schatz in Stücke zerfallen ließ – vielleicht hat man in einem Land, in dem noch so viel zu tun ist, keine Zeit, sich um alte Ruinen zu kümmern! Tatsächlich war die Kirche, so dem Tageslicht ausgesetzt, selten faszinierend, doch beunruhigend war der Gedanke, dass die schönen Fresken ganz abfallen würden, wenn sie nicht bald überdeckt würden.

Eine Figur der Heiligen Jungfrau erregte meine Aufmerksamkeit besonders. Sie starrte mich mit großen, mitleiderregenden Augen von ihrem goldenen Hintergrund aus an. Auf ihren Knien saß das Jesuskind, steif aufrecht, eine Hand zum Segen erhoben. Das Kind war winzig, hatte ein seltsam blasses Gesicht und viel zu große Augen für sein Gesicht.

Ich konnte mich nicht losreißen von dieser verlassenen Gebetsstätte, umrundete sie immer wieder und nahm das Bild, das sie mir bot, in meine Seele auf.

Schließlich verließ ich es, drehte mich jedoch oft um, um einen letzten Blick zu werfen.

Die Sonnenblumen standen in großen Gruppen, ihre Köpfe zur Kirche geneigt, als wollten sie hineinschauen; ein Schwarm schneeweißer Tauben kreiste darüber, ihre makellosen Flügel blitzten im Licht. Das war das Letzte, was ich von ihr sah – die zerstörten Mauern und darüber schwebend die schneeweißen Tauben.

*

* — *

Ich würde noch viel mehr über diese kleinen Kirchen erzählen. Für mich ist das Thema von unendlichem Reiz; aber es gibt noch viele Dinge, über die ich sprechen muss, und so wende ich mich bedauerlicherweise anderen Szenen zu.

Die einsamsten Bewohner Rumäniens sind die Hirten – einsamer noch als die Mönche in ihren Zellen, denn die Mönche sind in Gemeinden zusammengeschlossen, während die Hirten ganze Monate allein mit ihren Hunden auf einsamen Berggipfeln verbringen.

Wenn ich zu Pferd über die Gipfel streifte, begegnete ich oft diesen stummen Wächtern, die sich auf ihre Stäbe stützten und so still dastanden, als wären sie aus Stein gehauene Figuren.

**„Die Formen dieser Bauernkirchen sind in der Tat vielfältig"** (S. <u>44</u>).

46B

„IHR HAUPTMERKMAL SIND DIE STÄRKEN SÄULEN, DIE
DIE VERANDA VORNE STÜTZEN" (S. 44).

„ABER BEI EINIGEN STEHT DER GLOCKENTURM FÜR SICH SELBST" (S. 41).

„Die Säulen haben wunderschöne, geschnitzte Kapitelle mit seltenem Design ... weiß getüncht wie der Rest der Kirche (Seite 44 ).“

## „WIRKLICH MALERISCH SIND DIE GEBÄUDE, DIE EIN EINFACHHERZIGER KÜNSTLER GEMALT HAT" (S. 44).

Ihnen gehörte der große blaue Himmel und die wunderbare Aussicht über grenzenlose Horizonte; ihnen gehörten die wechselnden Wolken, die manchmal über ihren Köpfen schwebten und manchmal wie Dampf aus den Abgründen zu ihren Füßen aufstiegen; ihnen gehörten auch die Stille und die Sonnenuntergänge, die Sonnenaufgänge und die kleinen Bergblumen mit ihren wunderbaren Farben. Aber ihnen gehörten auch der Sturm und der Regen und die Tage undurchdringlichen Nebels; ihnen gehörte die wortlose Einsamkeit, die keine menschliche Stimme durchbrach.

Die Farbe dieser einsamen Bergbewohner verschmelzen beinahe mit der der Felsen und der Erde, die sie umgeben.

Sie tragen riesige Mäntel, die aus Fellen von Schafen ihrer Herde gemacht sind, die unterwegs gefallen sind. Diese zottigen Gewänder verleihen ihnen ein wildes Aussehen, wie ich es noch nie gesehen habe; selbst kleine Jungen tragen diese außergewöhnlichen Mäntel, die sie von Kopf bis Fuß bedecken und sie vor Regen und Sturm und sogar vor den zu heißen Sonnenstrahlen schützen. Ihre einzigen Zufluchtsorte sind halb unter der Erde liegende Unterstände, deren Dächer mit Torf bedeckt sind, so dass man sie selbst aus kurzer Entfernung kaum sehen kann. Hier verbringen sie in Gesellschaft ihrer Hunde die langen Sommermonate, bis der Frost des Herbstes sie und ihre Herden zurück in die Ebenen treibt.

Wild aussehende Geschöpfe sind diese Hirten, fast so ungepflegt wie ihre Hunde. Einsamkeit scheint sich in ihre Augen geschlichen zu haben, die einen ohne Mitgefühl ansehen , als hätten sie die Gewohnheit verloren, sie auf die Gesichter der Menschen zu richten.

Diese wilden Hunde stellen für den Wanderer eine große Gefahr dar, und ihre Besitzer sehen den Angriffen der Hunde auf den unglücklichen Eindringling oft tatenlos zu, ohne auch nur einen Finger zu rühren, um ihn zu verteidigen.

Zweifellos kann man unter diesen Hochlandbeobachtern manchmal die Seele eines Dichters finden. Er wird dann Geschichten erzählen, denen es sich lohnt, zuzuhören, denn die Natur wird sein Lehrer gewesen sein, die Stimmen der Wildnis haben sein Herz betreten.

Weniger ungesellig ist der Hirte, der seine Herde auf grüneren Weiden hütet. Er ist weniger einsam; selbst wenn er nicht mit einem Gefährten zusammenlebt, bekommt er Besuch von Passanten – sein Gesichtsausdruck ist weniger grimmig, sein Blick weniger hart und die Melodien, die er auf seiner Flöte spielt, haben einen sanfteren Ton.

Hier wird der Mantel abgelegt, aber die Haltung des „Cioban" ist immer dieselbe: Ob auf kahlen Berggipfeln, auf saftigen Weiden neben klaren Bächen oder auf den glühenden Ebenen der Dobrudscha, wo kilometerweit kein Baum zu sehen ist, der „Cioban" steht stundenlang da, beide Hände unter dem Kinn, auf seinen Stab gestützt. Er hält sich nicht an die Zeit; er starrt vor sich hin, und langsam vergehen die Stunden an seinem Kopf.

Einmal hatte ich einen merkwürdigen Eindruck. Ich ritt über endlose Hügel in der Nähe des Meeres. Nichts konnte flacher sein als die Landschaft, die sich vor mir erstreckte; das Meer war totenstill und glich einem glitzernden blauen Spiegel; der Sand war weiß und schillernd; Hitzewellen stiegen vom Boden auf und versengten mir das Gesicht; die ganze Welt schien nach Luft zu schnappen. Ich allein bewegte mich durch diese Unermesslichkeit; Himmel, Meer und Sand gehörten mir.

Trotz der drückenden Temperaturen galoppierte mein Pferd zügig und freute sich über den weichen Sand unter seinen Hufen. Ich hatte das Gefühl, mich durch die Wüste zu bewegen.

Auf einmal wurde das Tier unruhig; es schnaubte durch geweitete Nüstern, ich fühlte, wie es unter mir zitterte; am ganzen Körper brach Schweiß aus; plötzlich blieb es stehen, machte unerwartet kehrt und weigerte sich, weiterzugehen! Es war nichts zu sehen außer einer Reihe flacher, geschwungener Sandhügel, hier und da mit einem Büschel harten Grases oder Strandfliederbüscheln, die sich unter der überwältigenden Hitze bogen, doch ich hatte auch ein unheimliches Gefühl, das seltsame Gefühl, dass etwas atmete, als ob der Boden selbst unter unseren Füßen pulsierte. In gewisser Weise teilte ich die Befürchtung meines Pferdes. Was konnte es sein?

Trotz seines Widerstrebens trieb ich ihn vorwärts und hielt dabei die Zügel fest im Griff, während er jedes Mal versuchte, sich umzudrehen.

Dann sah ich etwas Seltsames am Horizont auftauchen; eine geheimnisvolle Linie, die sich über einen der Hügel schlängelte, etwas, das lebendig war. Ich hatte das deutliche Gefühl, dass es atmete, dass es sogar nach Luft schnappte.

Plötzlich erhob sich ein Mann von irgendwoher und stand wie ein dunkler Fleck vor der brütenden Hitze des Himmels. Der Mann war ein Schafhirte! Dann verstand ich die Bedeutung dieser seltsam pulsierenden Zeile – es war seine Schafherde!

Sie waren von der überwältigenden Hitze erstickt und drängten sich zusammen, die Köpfe nach innen gerichtet, um Schutz voreinander zu suchen. Da sie keine Erleichterung fanden, keuchten sie vor ihrem stillen Kummer.

Der „Cioban" stand ganz still und starrte mich mit verblüffter Gleichgültigkeit an.

Ich glaube, nie zuvor und nie danach habe ich ein stärkeres Gefühl unerträglicher Hitze verspürt …

Wo immer ich ihnen begegnet bin, sei es in den Bergen oder in der Ebene, auf grünen Weiden oder in dürren Einöden, schienen mir diese schweigsamen Hirten die Personifizierung der Einsamkeit, des Mysteriums und des Unausgesprochenen zu sein.

Durch ihr einsames Wachen in der sprachlosen Wildnis haben sie sicherlich zu einem besseren Verständnis der Natur zurückgefunden; vielleicht haben sie auch seltsame Geheimnisse entdeckt, die keiner von uns kennt!

Im Herbst und im frühen Frühling führen die Hirten ihre Herden aus den Bergen zurück. Man begegnet ihnen, wie sie langsam die Landstraßen entlang stapfen – eine stumme Masse mit einem wettergegerbten Führer an der Spitze, Mensch und Tier staubfarben, mit wunden Füßen, müde, passiv, wissend, dass ihr Weg noch nicht zu Ende ist.

50A

**„DIESE EINSAMEN BERGBEWOHNER"** (S. 47).

Flüchtige Visionen der Wildnis, Gespenster kehren aus Einsamkeiten zurück, von denen wir nichts wissen. Die Menschen mit grüblerischen Gesichtern und weitblickenden Augen, die Tiere mit hängenden Köpfen kommen einem aus der Ferne entgegen, gehen vorbei, entfernen sich und sind verschwunden ... und hinterlassen auf der Straße Tausende und Abertausende kleiner Spuren, die Wind oder Regen bald auslöschen ...

*

* — *

Es gibt ein wanderndes Volk, das in jedem Land bekannt ist – ein Volk, das von Geheimnissen umgeben ist, dessen Ursprung nie eindeutig geklärt werden konnte, ein Volk, das selbst in unseren Tagen Nomaden sind, die ständig von Ort zu Ort ziehen. Wohin sie auch wandern, werden die Zigeuner mit Misstrauen und Argwohn betrachtet; sie gelten als Diebe; ihre dunklen Gesichter und blitzenden Zähne ziehen an und stoßen zugleich ab. Sie haben einen namenlosen Charme und doch sind sie Fremde, wohin sie auch gehen. Jedermanns Hand ist gegen sie; nirgends sind sie willkommen, sie müssen immer weiterziehen, heimatlos, verachtet und ruhelos, Wanderer auf der Erde.

Dennoch gibt es in Rumänien Orte, wo sich diese Zigeuner am Rande von Dörfern oder Städten niedergelassen haben.

Dort, inmitten von unbeschreiblichem Schmutz und Chaos, drängen sie sich in baufälligen Hütten und Unterständen zusammen, halbnackt, umgeben von zankenden Kindern und wilden Hunden. Ihre Hütten sind mit allem bedeckt, was sie in die Finger bekommen: alte Blechdosen, zerbrochene Bretter,

Lumpen, Erdklumpen, zerrissene Teppichstreifen; keine Worte können das Elend beschreiben, das sie umgibt, das bittere Elend, in dem sie leben.

Ich konnte nie herausfinden, ob an diesen Orten immer dieselben Zigeuner leben oder ob sie nach einer Weile weiterziehen und ihre namenlosen Hütten anderen Wanderern überlassen, die sich eine Zeit lang niederlassen und dann wieder wegziehen, um denen Platz zu machen, die noch kommen.

Ich bin geneigt zu glauben, dass diese Siedlungen in manchen Fällen Zufluchtsorte sind, wo wandernde Horden im Winter Schutz suchen, wenn Schneewehen und bitterer Frost die Hauptstraßen unpassierbar machen. Doch auch im Sommer habe ich Familien gesehen, die in diesen schmutzigen Vororten herumlungerten.

Unendlich malerischer sind die Zigeunerlager. Diese seltsamen Leute schlagen ihre Zelte an allen möglichen Orten auf. Auf großen Weideflächen, am Rand von Flüssen, manchmal auf Inseln inmitten von Flussbetten oder am Waldrand.

Sie kommen nicht in überdachten Wagen auf der Straße, wie wir sie in zahmeren Ländern sehen, sondern in heruntergekommenen Karren, die von mageren, halb verhungerten Pferden, manchmal von Maultieren oder geduldigen grauen Eseln gezogen werden.

Auf diesen Karren finden inmitten eines unbeschreiblichen Durcheinanders von Stangen, Teppichen, Zeltplanen, Töpfen, Pfannen und anderen Geräten ganze Familien Platz – Mütter und Kinder, alte Großmütter und Graubärte, kleine Jungen und größere Jugendliche, ohne Rücksicht auf die unglücklichen Tiere, die unter der Last fast zusammenbrechen.

Sie halten sich auf, wo sie können, manchmal sogar, wo sie müssen – denn viele Orte sind für sie verboten und niemand möchte die diebischen Gauner zu nahe an seinem Zuhause haben.

Für mich waren diese Lager immer eine Quelle des unerschöpflichen Interesses. Immer wenn ich aus der Ferne die Silhouetten der Zigeunerzelte erblickte, versäumte ich es nicht, dorthin zu gehen, und ich sammelte unzählige Eindrücke von diesen wandernden Fremden. Oft sah ich zu, wie die Karren entladen wurden; mit viel Lärm und Streit wurden die Zeltstangen in den Boden geschlagen, verfärbte Lumpen aller Art wurden darüber ausgebreitet, und jede Familie errichtete das Dach, unter dem sie für eine Weile ihre ewige Unruhe verbergen wird.

Viele, viele Male bin ich zwischen den Zelten dieser schnatternden, streitenden Bettlerhorden umhergeirrt, bedrängt von Hunderten brauner Hände, die um ein paar Pfennige baten, umgeben von dunklen Gesichtern mit glänzenden Augen und schneeweißen Zähnen. Halb kriechend, halb hochmütig verlangten sie Geld, lachten dabei und zuckten mit den Schultern, befingerten meine Kleider, steckten ihre Finger in meine Taschen; manchmal hatte ich fast das Gefühl, von einer Horde Affen angegriffen zu werden.

Zu Pferd hätten sie mich fast aus dem Sattel gezogen und mich mit seltsamen Segnungen überschüttet, die eher wie Flüche oder Verwünschungen klangen.

Aber einen Wunsch, den sie mir nachriefen, nahm mein Herz immer dankbar an; es war der Wunsch „Viel Glück" für mein Pferd. Als Nomaden wissen sie den Wert eines guten Reittiers zu schätzen, und da mein Pferd seit jeher mein Freund ist, konnte mich eine solche Bitte nicht ungerührt lassen; an diesen Tagen wurden die Pennys, die ich unter ihnen verstreute, mit größerer Bereitwilligkeit gegeben.

Unter diesen Menschen habe ich die schönsten Typen entdeckt; in jedem Alter sind sie unglaublich malerisch, so sehr, dass es manchmal so schien, als hätten sie sich nur zu Effekthascherei aufgerichtet.

Alte Hexen habe ich unter ihren Zelten kauern sehen, über dampfende Töpfe gebeugt, und mit Stücken von zerbrochenen Stöcken mysteriöse Sauereien umrühren. Keine alte Hexe aus Andersens Märchen oder aus Tausendundeiner Nacht ließe sich mit diesen unheimlichen alten Wesen vergleichen, die in verblichene Lumpen gehüllt waren, die einst hell waren, jetzt aber so schmutzig und uralt waren wie die alten Kreaturen, die sie nur halb bekleideten.

Bunte Stoffbänder waren wie Turbane um ihre Köpfe gewickelt, unter denen graue Haarsträhnen in wirrem Durcheinander über ihre Augen herabhingen. Normalerweise steckte eine weiße Tonpfeife in ihrem Mundwinkel, denn sowohl die Männer als auch die Frauen rauchten; tatsächlich durchdrang Rauch die Atmosphäre um sie herum, Tabakdämpfe vermischten sich mit dem stechenderen Geruch der Feuer, die überall im Lager brannten.

54A

„DIESE ZOTTELIGEN KLEIDUNGSSTÜCKE VERLEIHEN IHNEN EIN WILDES AUSSEHEN" (S. 47).

**„IHRE EINZIGEN ZUFLUCHTSORTE SIND UNTERSTÜTZE"**
(S. 47).

„AUCH KLEINE JUNGEN TRAGEN DIESE AUSSERGEWÖHNLICHEN MÄNTEL" (S. 47).

54D

„HIER VERBRINGEN SIE IN GEMEINSAM MIT IHREN HUNDEN DIE LANGEN SOMMERMONATE" (S. 47 ).

55A

„AUF SAFTIGEN WEIDEN IN DER NÄHE KLAR FLIESSENDER BÄCHE" (S. 48 ).

**„STILLE BEOBACHTER, DIE SICH AUF IHRE STÄBE STÜTZEN" (S. 46).**

55C

**„WO IMMER ICH IHNEN GETROFFEN HABE, SEI ES IN DEN BERGEN ODER IN DER EBENE, ... DIESE STILLE HIRTEN ERSCHIENEN MIR ALS DIE VERKÖRPERTHEIT DER EINSAMKEIT" (S. 50).**

Diese alten Weiber sind die angesehenen Mitglieder der Stämme. Ihre lauten Flüche rufen den Jungen Ordnung zu und versetzen die rauflustigen, streitlustigen Kinder in Angst und Schrecken, die fast nackt umherlaufen und um Almosen schreien, Purzelbäume im Staub schlagen und zwischen den Füßen herumpurzeln. Diese Schlingel sind eine harte Geduldsprobe, aber gleichzeitig eine Quelle unendlicher Freude für das Auge, denn einige dieser grinsenden, kreischenden kleinen Wilden sind außergewöhnlich schön, eins mit der Farbe der Erde; kleine Bronzestatuen mit lockigen, zerzausten Köpfen, großen Augen, gesäumt von unbeschreiblichen Wimpern, die manchmal so lang und gekräuselt sind, dass sie wie schwarze Federn an ihren Lidern aussehen.

Manchmal bedeckt ein zerrissenes Hemd sie kaum, oder ihre Arme stecken in viel zu großen Mänteln, die Ärmel baumeln schlaff über ihren Händen und lassen sie wie kleine, lebendig gewordene Vogelscheuchen aussehen. Sie sind nie bezaubernder, als wenn sie herumtollen, wie Gott sie geschaffen hat, denn alle tragen eine Kette aus bunten Perlen um den Hals!

Diese kleinen, erdfarbenen Streuner laufen kilometerweit neben der Kutsche oder dem Pferd her, betteln mit ausgestreckten Handflächen um Münzen und jammern immer wieder über dasselbe.

Am schönsten sind die jungen Mädchen: aufrecht, gut gebaut, mit schmalen Hüften und zarten Händen und Füßen. Welchen Lappen sie auch immer um ihre anmutigen Glieder wickeln, sie verwandeln sich in ein kleidsames Gewand. Sie schmücken sich mit jeder abgelegten Pracht, die sie unterwegs auflesen. Manchmal bleiben wertvolle alte Stickereien am Körper dieser attraktiven Geschöpfe, was ihren Charme verstärkt und ihnen das Aussehen von Bettlerköniginnen verleiht. Bunte Gürtel, die um Hüften und Taille gewickelt sind, halten all diese Lumpen an Ort und Stelle und verleihen der Trägerin das Aussehen einer Ägypterin, wie wir es auf den Fresken der Tempelwände sehen.

Unter den bunten Schals, die sie um den Kopf binden, hängen Haarzöpfe zu beiden Seiten ihres Gesichts herab – Zöpfe, die mit allen möglichen Münzen, kleinen Splittern aus farbigem Glas oder Metall oder seltsam geformten Amuletten oder heiligen Medaillen verziert sind, die klimpern, wenn sie sich bewegen. Um ihren Hals hängen lange Ketten bunter Perlen, die auf ihrer bronzefarbenen Haut glänzen und glitzern.

Diese Mädchen zeigen wenig Scham. Sie sind laut und dreist, schamlose Bettlerinnen, denen es völlig egal ist, wenn ihre zerrissenen Hemden Hals und Brust halb nackt den Strahlen der Sonne aussetzen.

Mit blitzenden weißen Zähnen lächeln sie Sie an, die Arme in die Hüften gestemmt, den Kopf in den Nacken geworfen und eine weiße Pfeife frech im Mundwinkel stecken.

Unbeschreiblich anmutig sind diese Mädchen, die abends ins Lager zurückkehren und große hölzerne Wasserkrüge auf dem Kopf tragen. Aufrecht und mit schwingendem Schritt schreiten sie die Strecke, während das Wasser in großen Tropfen über ihre Wangen spritzt. Die untergehende Sonne hinter ihnen lässt sie wie Schatten erscheinen, die von weit her aus der Wüste kommen, wo die Wege weder Anfang noch Ende haben ...

Die Männer sind nicht weniger malerisch als die Frauen; sie sind in schmutzige Lumpen gehüllt und meist barfuß. Aber ich bin auch weniger schmutzigen Stämmen begegnet, deren Männer hohe Stiefel, weite Hosen und Hemden mit weit hängenden Ärmeln trugen. Diese gehörten wohlhabenderen Clans an, und die Männer sahen besonders gut aus, mit langen, lockigen Haaren, die ihnen zu beiden Seiten des Gesichts herabhingen. Zweifellos böse aussehende Kreaturen, aber dennoch unheimlich gutaussehend.

Die meisten Zigeuner sind von Beruf Kesselflicker, instinktiv sind sie Diebe. Die Männer überlassen ihren Frauen die Zelte und machen sich auf den Weg in die Dörfer, um dort Töpfe und Pfannen zu flicken. Oft begegnet man ihnen zu mehreren in einer Reihe, die glänzende Kupfergefäße auf dem Rücken tragen. Sie grinsen einen an und vergessen nie, eine bettelnde Hand auszustrecken.

Andere haben die Gewohnheiten, Sitten und Gebräuche der Zigeuner studiert; ich habe sie nur mit dem Auge eines Künstlers betrachtet, und in dieser Hinsicht sind sie eine nie versiegende Quelle der Freude.

Unvorstellbar ist das Treiben und der Lärm, wenn ein Lager aufgelöst wird. Die Zeltstangen werden aus dem Boden gezogen, die elenden Pferde, die im verdorrten Gras am Wegesrand nach spärlicher Nahrung gesucht haben, werden von den kreischenden Kindern eingefangen, die leichtes Spiel haben, denn die unglücklichen Geschöpfe sind gefesselt und können nicht entkommen. Resigniert lassen sie sich an die Karren binden, die Zeltstangen, Teppiche, Töpfe und Pfannen werden noch einmal vom Boden auf die Fahrzeuge umgeladen, die sie an einen anderen Ort transportieren, und so weiter ... ohne Ende ...

Die alten Weiber sind unter all diesem Gepäck verstaut und mit ihnen die Kinder, die zu klein zum Laufen sind, die gebrechlichen alten Männer, die Invaliden und jene, deren Füße zu wund sind, um den beschwerlichen Weg zu bewältigen.

Ein entzückendes Bild habe ich einmal gesehen. Auf dem Rücken eines geduldigen Esels waren zahlreiche Zeltstangen befestigt; wie ein so kleines Tier sie tragen konnte, bleibt ein Rätsel. Zwischen diesen Stangen waren mehrere kleine nackte Babys festgebunden, deren schwarze Augen mich unter zerzausten, ungepflegten Locken anstarrten.

Der Esel bewegte sich von Ort zu Ort und graste, die schweren Stangen wippten hin und her, eine oder andere berührte den Boden und wirbelte kleine Staubwolken auf, die wie Rauch aussahen.

Auf den Gesichtern der Babys war keine Besorgnis zu lesen; diese Art des Transports war zweifellos die übliche. Sie sahen aus wie kleine braune Affen, die aus wärmeren Gefilden hergebracht wurden...

**„AUF DEN BRENNENDEN EBENEN DER DOBRUDSCHA, WO AUF WEITER UMLAUF KEIN BAUM ZU SEHEN IST"** (S. 48 ).

**"Wegen der überwältigenden Temperaturen hatten sie sich zusammengedrängt"** (Seite 50 ).

Ich habe oft alte Paare getroffen, die zusammen umherwanderten – Männer und Frauen, gebeugt vom Alter, müde, staubig, in Lumpen gehüllt, mit Pfeifen im Mund; elende Landstreicher, aber immer vollkommen malerisch. Zweifellos gingen sie in einige Dörfer, um zu basteln, denn die Männer trugen die unvermeidlichen Kupfertöpfe auf dem Rücken, während die alten

Hexen schwere Säcke über den Schultern hatten und einen dicken Stab in den Händen hielten. An den Seiten ihrer erdfarbenen Wangen hingen graue Haarzöpfe schlaff herab und schwangen, während sie gingen. Es war mir, als hätte ich sie schon oft getroffen; ich schien ihre Augen, ihren müden Blick, sogar die Muschel, das Zeichen der Wahrsagerin, wiederzuerkennen, die die Frauen an einer Schnur an ihren Gürteln trugen; doch zweifellos waren sie nur Beispiele für die vielen Wanderer unter diesem Volk, die heimatlos und mit wunden Füßen für immer über die Erde streifen ...

*

* — *

Eine Kunst ist den Zigeunern besonders eigen. Sie sind geborene Musiker, und die Geige ist ihr Instrument; selbst der kleinste Junge kann sie zum Singen bringen. Manche sind Musiker von Beruf. In Gruppen von drei oder vier ziehen sie von Dorf zu Dorf, immer dorthin, wo Musik gebraucht wird, und spielen geduldig und unermüdlich stundenlang, bei Sonne oder Regen, bei Tag oder Nacht, bei Hochzeiten, Beerdigungen oder an Feiertagen.

Wenn diese wandernden Minnesänger in Bands spielen, haben sie außer Geigen noch andere Instrumente dabei: Lauten mit seltsamer Form, die in der rumänischen Literatur als „Cobsa" bekannt sind, und eine Flöte aus mehreren Rohrblättern, die klassische Flöte, die in vergangenen Zeiten der alte Vater Pan spielte.

Meistens sind es bronzefarbene alte Landstreicher mit melancholischen Augen und gebeugtem Rücken, die es gewohnt sind, zu kriechen, und deren magere braune Hände es gewohnt sind, zu betteln. Diese wandernden Minnesänger haben ihre malerischen Lumpen abgelegt und scheußliche alte Kleider angezogen, die andere abgelegt haben. In dieser Aufmachung sehen sie unendlich schäbiger aus; sie haben den unbestimmten Charme verloren, der sie normalerweise umgibt; sie sind nichts weiter als traurige alte Männer in hässlichen Lumpen und keine Augenweide mehr. Dennoch sind sie willkommen, denn ihre Musik ist süß und melancholisch, schrill und unheimlich zugleich; in jeder Note steckt eine seltsame Sehnsucht, und je fröhlicher die Melodien werden, desto mehr ist man geneigt zu weinen!

In jeder ihrer Melodien liegt ein unerklärlicher Schrei der Sehnsucht – ist es eine Erinnerung an ferne Länder, die einst ihnen gehörten und die sie nie gesehen haben? Oder ist es nur ein Ausdruck der ewigen Nostalgie, die sie ruhelos von Ort zu Ort treibt?

An einem Sommerabend begegnete mir ein junger Zigeuner, der aus dem Staub der Straße auf mich zukam. Er saß mit nackten, baumelnden Beinen auf dem Rücken eines Esels, die Geige unter dem Kinn, und spielte ohne

Rücksicht auf alles andere ... er spielte zum Himmel über ihm, zu den Sternen, die einer nach dem anderen hervorkamen und mit blassem Staunen auf diesen einsamen Vagabunden herabblickten, dem die ganze Straße gehörte ... Er spielte, weil es seine Natur war zu spielen ... er spielte für sein Herz, das noch nicht erwacht war ... er spielte für seine Seele, die er nicht begreifen konnte.

*

* — *

In den Städten werden die Zigeuner als Maurer eingesetzt. Man findet sie in Gruppen überall dort, wo ein Haus gebaut wird. Männer, Frauen und Kinder bringen ihre namenlose Unordnung und ihren malerischen Schmutz mit.

Abends, wenn die Arbeit erledigt ist, bereiten sie ihr Abendessen vor. Dann sitzen sie um den dampfenden Topf herum und ihre bunten Lumpen beginnen in den Strahlen der untergehenden Sonne zu strahlen.

Oft ist in der Nähe ein räudiger Esel angebunden und in einem Korb, inmitten eines Sammelsuriums aus Metalltöpfen aller Größen und Formen, liegt ein schlafender Säugling, der in ein zerrissenes Tuch gewickelt ist.

Der Esel trägt geduldig seine Last und verscheucht die Fliegen mit seinem dürren Schwanz.

Im Monat der Lilien ziehen hübsche Zigeunermädchen durch die Straßen und tragen hölzerne Gefäße voller schneeweißer Blumen. Die Reinheit der Lilien steht in seltsamem Kontrast zu ihren sonnengebräunten Gesichtern. In langen, duftenden Sträußen verkaufen sie diese Blumen an die Passanten. An jeder Ecke trifft man sie, entweder in malerischer Haltung auf dem Bürgersteig kauernd oder aufrecht unter der schattigen Ecke eines Daches stehend, schöne Geschöpfe mit dunklen Gesichtern, die bereitwillig in ein Lächeln ausbrechen, das ihre schwarzen Augen glitzern und ihre weißen Zähne blitzen lässt.

Gestalten voll unbewussten Stolzes, Antlitze, die man immer wieder anschauen muss ... denn in ihnen steckt das ganze Geheimnis der vielen Wege, die ihre Füße zurückgelegt haben!

*

* — *

Es ist die Erntezeit, in der sich Rumänien in seiner ganzen Pracht zeigt, die Zeit, in der die Arbeit des Menschen belohnt wird, wenn die Erde ihr Äußerstes gegeben hat und Mann, Frau und Kind hinausgehen, um die Reichtümer einzusammeln, die dieses Land zu dem machen, was es ist.

Manchmal ist es tatsächlich eine Stunde der Enttäuschung, denn Regen, Hagel oder Dürre machen oft die mühsame Arbeit des Menschen zunichte. Manchmal hat die Erde seine liebsten Hoffnungen nicht erfüllt und konnte ihre Früchte nicht hervorbringen.

62A

„MÜTTER UND KINDER UND ALTE OMI-MÄDCHEN" (S. 53 ).

62B

„KLEINE BRONZESTATUEN MIT LOCKIGEN,
ZAUSCHALTEN KÖPFEN" (S. 55 ).

„Manchmal bedeckt sie kaum ein zerrissenes Hemd" (S. 55).

63A

**„AM SCHÖNSTEN SIND DIE JUNGEN MÄDCHEN"** (S. 55 ).

63C

**„UNFASSBAR MALERISCH"** (S. 54 ).

**„DIES SIND DIE RESPEKTIERTEN MITGLIEDER DER STÄMME"** (S. 54 ).

63D

**„Ich habe oft alte Paare getroffen, die gemeinsam umherwanderten"** (S. 58 ).

Ich kenne Jahre, in denen monatelang kein einziger Regentropfen fiel, in denen wir wie die Menschen in alter Zeit in der glühenden Hoffnung zum Himmel schauten, die handgroße Wolke würde sich ausbreiten und den so dringend benötigten Regen ablassen – doch die Wolke zog vorüber und brachte nicht den versprochenen Regen. Jahre, in denen alles, was dem Schoß der Erde anvertraut war, verdorrte und vertrocknete, weil von April bis September kein Tropfen gefallen war, sodass unzählige elende Rinder starben, weil sie kein Weideland hatten, auf dem sie grasen konnten.

Schreckliche Monate voller angespannter Angst und hoffnungslosem Warten, die einem das Blut in den Adern austrocknen ließen, während die Erde durch den Mangel an Regen ausgedörrt war.

Die Flüsse führten kein Wasser mehr; das Land des Überflusses wurde zu einem Land der Seufzer, und der Staub bedeckte alle Dinge wie ein Leichentuch des Versagens …

Doch großartig sind wahrlich die Jahre des Überflusses, in denen die Anstrengungen des Menschen Früchte tragen.

In Ozeanen aus reifem Gold liegt das Korn unter dem gewaltigen Antlitz der Sonne, stolz auf seine Fülle, eine herrliche erfüllte Hoffnung!

Und auf dieser weiten Ebene der Fruchtbarkeit ist es die Hand des Menschen, die die reifen Ähren erntet, die Garben bindet und das Korn einbringt. Immer wieder muss ich über die Geduld der menschlichen Arbeit staunen, über seine außergewöhnliche Eroberung der Erde.

In Gruppen arbeiten die Bauern vom frühen Morgen bis zum Sonnenuntergang, unbeeindruckt von der pulsierenden Hitze, die auf ihre Köpfe niederbrennt. Die schneeweißen Hemden der Männer bilden einen Kontrast zu den bunten Schürzen der Frauen, die die gelbbraune Ebene mit leuchtenden blauen, roten oder orangen Flecken beflecken, denn zur Erntezeit bleibt niemand untätig – nur die ganz Alten und Behinderten bleiben zurück, um das Haus zu bewachen.

Unaufhörlich schuften sie von Stunde zu Stunde, bis sie sich mittags um ihre Karren versammeln, um eine karge Mahlzeit aus Polenta und Zwiebeln zu sich zu nehmen. Bilder von Arbeit, gesunder Anstrengung, schlichter Zufriedenheit! Wie oft habe ich sie mit Rührung betrachtet und dabei gemerkt, wie sehr mir dieses Land ans Herz gewachsen ist.

Wachsame Hunde bewachen die Karren und die der Kinder, die zu klein zum Arbeiten sind; im Schatten dieser Fahrzeuge machen die Arbeiter eine kurze Stunde Pause neben ihren grauen Ochsen, die friedlich und zufrieden daliegen und wiederkäuen, während ihre riesigen Hörner die Sonnenstrahlen reflektieren. Träge wedeln sie mit ihren Schwänzen von einer Seite zur anderen, um die zu geschäftigen Fliegen fernzuhalten, die sich auf ihren mageren Flanken und um ihre großen, verträumten Augen sammeln. Mit langsamen Kopfdrehungen folgen sie den Bewegungen ihrer Herren, wohl wissend, dass ihre eigene Anstrengung bei Sonnenuntergang, wenn die Arbeiter nach Hause gehen, wieder aufgenommen werden muss.

Maschinen werden nur auf reichen Ländereien eingesetzt, und dann meist zum Dreschen des Korns; das Schneiden erfolgt fast ausschließlich per Hand. Kleine Gruppen fleißiger Arbeiter drängen sich um das eiserne Ungetüm, dessen summende Stimme man schon von weitem hören kann und das den Getreidehaufen immer wieder anhebt, bis er wie eine polierte goldene Pyramide unter dem großen blauen Himmel steht.

Bei Sonnenuntergang kehren die Bauern mit den Sensen über der Schulter nach Hause zurück und gehen neben ihren mit leuchtend gelbem Stroh beladenen Karren her. Sie kriechen die Straße entlang, die Karren, in einer Staubwolke. An windstillen Abenden bleibt der Staub in der Luft hängen und bedeckt die Welt mit einem silbrigen Schleier. Er hüllt den sterbenden Tag in einen geheimnisvollen Dunst, der über Mensch und Tier schwebt, den Horizont auslöscht, alle Farben dämpft und jeden Umriss weicher macht.

Oftmals entzündet die untergehende Sonne diesen Dunst; dann wird die Atmosphäre seltsam leuchtend, als ob irgendwo hinter den Rauchschwaden ein gewaltiges Feuer brennt. Unbeschreiblich ist diese Stunde; voller Schönheit, voller Frieden, voller der unendlichen Befriedigung treu geleisteter Arbeit, die Stunde, in der alle Füße heimwärts, der Ruhe zugewandt sind.

In einer endlosen Reihe folgen die Karren einander, gezogen von jenen grauweißen Ochsen mit den wundersamen Hörnern. Sie kommen die Straße entlang, als bewegten sie sich in einem Traum, der langsam in einer Staubwolke vorüberzieht und verschwindet. ... Doch der Staub bleibt wie ein Schleier über einer Vision hängen, die es nicht mehr gibt....

Die Maisernte kommt später im Jahr, viel später; manchmal ernten die Bauern im Oktober noch die reifen Früchte. Die Tage sind kurz, und abends steigt Feuchtigkeit aus der weiten Ebene auf und schwebt wie Rauch unter dem glühenden Himmel. Eine unbeschreibliche Melancholie schwebt über der Welt, die Melancholie der Dinge geht zu Ende. Eine große Anstrengung scheint vollbracht, und nun bleibt dem Jahr nichts anderes übrig, als langsam einzuschlafen ... Doch nichts ist herrlicher als der rumänische Herbst; die Natur möchte sich mit einem letzten Mantel der Schönheit bedecken, bevor sie sich vom Vorrücken des Winters besiegt gesteht.

Der Himmel wird intensiv blau; alles, was sich ihm entgegenstellt, scheint einen neuen Wert zu erhalten. Die Bäume kleiden sich in wundersame

Farben, manchmal golden, manchmal rotbraun, manchmal flammend rot. Zwischen den mannshohen Maispflanzen stehen riesige Sonnenblumen, die ihre Köpfe neigen, schwer unter der Last der Samenkerne; wie wunderbare Sterne leuchten ihre safranfarbenen Blütenblätter vor dem azurblauen Gewölbe.

Ganze Felder habe ich von diesen riesigen Pflanzen gesehen, wahre Armeen sonnenförmiger Blumen, triumphierend gelb unter den Strahlen des großen Lichts, das sie so tapfer nachahmen. Aber oft scheint es mir, als würden sie beschämt ihr Gesicht abwenden, traurig im Bewusstsein, dass sie nur eine armselige Nachahmung der Pflanze sind, deren Namen sie tragen. Aus den Samen dieser Blumen wird Öl hergestellt; deshalb kultivieren die Bauern sie in so großer Zahl.

Oft sah ich im Schatten dieser riesigen Pflanzen Bauern, die im Kreis um Maishaufen saßen und die Früchte von den Blättern trennten. In winzigen orangefarbenen Pyramiden liegen die reifen Kolben über die welkenden Felder verstreut, ihre herrliche Farbe zieht schon von Weitem die Blicke auf sich; oft haben die Kopftücher der Frauen genau denselben Farbton.

66A

**„EIN Kahles Feld, auf dem die Soldaten übten"**

Ich liebe diese flammenden Farbtupfer inmitten der dürren, unendlichen Weiten der abgeernteten Felder. Liebevoll verweilt das Auge des Künstlers auf ihnen und wendet sich nur ungern ab.

Ein hübscher Anblick sind auch die Bauernversammlungen, entweder in großen Scheunen oder auf Höfen, um das Maiskorn aus dem Kolben zu lösen. Dies sind Anlässe großer Freude, wenn die jungen Leute zusammenkommen, wenn Lachen und Arbeit fröhlich miteinander verschmelzen, wenn lange Geschichten erzählt und Liebeslieder gesungen werden. Die alten Weiber sitzen herum und spinnen oder weben, nicken mit den Köpfen über köstlichen Klatsch und Tratsch, ein Auge auf die Jungen und Mädchen gerichtet, die in ihren schönsten Kleidern gekleidet sind und eine leuchtende Blume hinter dem Ohr stecken, sich gegenseitig anstarren, scherzen und küssen und glücklich sind.

Der alte Zigeuner „Lautar" oder Wandersänger fehlt bei diesen Treffen nie. Von irgendwoher kommt er bestimmt angehumpelt, schäbig, verrufen, eine schmutzige Gestalt mit seiner Geige oder seiner „Cobsa" unter dem Arm; aber seine Musik ist wunderbar und bringt alle Herzen zum Lachen, Tanzen oder Weinen.

*

* — *

Zu viele Bilder möchte ich heraufbeschwören, zu viele Visionen tauchen vor meinem Gehirn auf – Zeit und Talent fehlen mir –, also muss ich mich widerwillig abwenden und diese einfachen Menschen ihrer Arbeit und ihrem Spiel, ihren Freuden und ihren Schmerzen, ihren Hoffnungen und ihren Ängsten überlassen. Ich überlasse sie ihren friedlichen Heimen – über denen ein Schleier aus Staub liegt.

DAS ENDE